守望信息技术时空

阮铭健 / 著

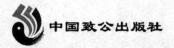
中国致公出版社

图书在版编目（CIP）数据

守望信息技术时空 / 阮铭健著. — 北京：中国致
公出版社，2020
ISBN 978-7-5145-1691-3

Ⅰ.①守… Ⅱ.①阮… Ⅲ.①信息技术 Ⅳ.
①G202

中国版本图书馆CIP数据核字（2020）第153053号

守望信息技术时空 / 阮铭健著

出　　版	中国致公出版社	
	（北京市朝阳区八里庄西里 100 号住邦 2000 大厦 1 号楼西区 21 层）	
出　　品	北京言之凿文化发展有限公司	
	（北京市昌平区超前路 35 号）	
发　　行	中国致公出版社（010-66121708）	
作品企划	三名书系	
责任编辑	周寅庆	
封面设计	姜　龙	
内文设计	李　娜	
印　　刷	北京政采印刷服务有限公司	
版　　次	2022年6月第1版	
印　　次	2022年6月第1次印刷	
开　　本	787mm×1092mm　1/16	
印　　张	13	
字　　数	185千字	
书　　号	ISBN 978-7-5145-1691-3	
定　　价	45.00元	

博学慎思，明辨笃行

　　教育是事业，事业的成功在于奉献；教育是科学，科学的探索在于求真；教育是艺术，艺术的生命在于创新。

　　也许是工作需要，也许是常感动于生活的点滴，所以写文章于笔者来说如家常便饭。可怎料到，要写本书的序却让笔者总难以下笔，总感难以承重。若然，不是因为格外的重视、珍惜，又怎会让笔者有举"笔"为艰的感受？又怎会全书脱稿之际还未见序影？

　　与作者铭健的缘分源于师徒，但十六年一起在教育时空共同驰骋，这关系早已超越。是同行、挚友？是伙伴、亲人？是，却不尽然。

　　他，博学、慎思，看问题更透彻，看教育更深远。

　　笔者与铭健在一起，谈得最多的是教育、科研。在交流中，笔者了解到他业余最大的爱好是读书，尤其是教育类、科研类、哲学类。读书，让他的视野开阔并前沿，也让他的思考深邃并独到。

　　从本书可以看到铭健对信息技术这门年轻学科在教学上多维度、多角度的探究与实践，他分析信息技术教学中呈现的诸多问题，如教者低效、学者无趣，提出了"项目学习与信息技术课程深度融合"的教学理念，并以文化融入为载体，焕发信息技术课堂的生命力。书中从对信息技术学科教学的追本溯源，到把项目学习应用到信息技术课堂，进而在课程中融入文化，这一系列的行动研究，带给大家的启示是：只有用新的教学理念重构新的教学，才能焕发出具有理想追求、富有生命力的课堂。

如果说，在他刚出道的几年，笔者还能给他在教育方面的一些指导，那么在这些年，尤其是科研方面，更多的是他给笔者的助力。刚好在今天，广东省教育厅公布2019年广东省教育教学成果奖获奖项目，由笔者主持的课题《文化融入小学信息技术课程的设计与实施》获得了一等奖，他作为课题组的核心成员，发挥了举足轻重的作用。从课题十年前的申报、立项到这十年的研究过程、结题、成果申报等，无不凝聚了他策划构思、谋篇布局的睿智与才华。是他严谨、扎实、专业的科研能力，成就了团队今天所取得的成绩。与其说笔者与铭健是师徒，不如说是在教育科研路上共同奋斗的同行、挚友！

他，明辨、笃行，做学问更严谨，做研究更力行。

翻开铭健的书，看到的是一个在信息技术教育领域行走的思考者、研究者、践行者，充分体现了他先进的教育理念，扎实的理论基础，科学的研究方法，严谨的治学态度。书中带给大家的不仅是对信息技术课堂重构的思考，更多的是在研究过程中的分析、策略、方法、归纳、综述。本书研究的核心内容，如项目学习应用于信息技术课程的分析、信息技术课堂活动项目的设计、项目学习与信息技术教学的深度融合、项目学习多元评价体系的构建、文化融入信息技术课程的设计与实施等，不仅能成为焕发信息技术课堂生命力的抓手，更是信息技术教师学做科研、学做课题的指南。认真研读这本书，相信一定能助力信息技术教师的专业发展。

十年前，笔者成立了广东省名教师工作室，铭健既是工作室的成员，更是笔者的助手，工作室各项工作的顺利开展，每一个成员的专业成长，无不凝聚着他的点拨与付出。工作室的伙伴包括笔者都尊称他为"军师"，这无不体现了大家对他的肯定与钦佩。在工作室这个温暖而有力的大家庭，大家互相帮助，互相爱护，像伙伴，更似亲人！

在教育科研路上，他矢志不渝；在为人处世方面，他谦虚感恩。铭健的师道与品行如他的座右铭：品节详明德行坚定，事理通达心气和平。

铭健与笔者，亦师亦友，更如亲人。在教育之路探索前行，互相支持，互相成就；在人生之路一起前行，互相提点，互相勉励。在结缘十六年后的今天，笔者与铭健可以开怀地说：正因为彼此在一起，所以才能共同遇见最好的彼此。

此序，与其说是为书而序，倒不如说也是为铭健与笔者的情谊而叙。

郑贤

2020年3月12日

郑贤，广州市海珠区实验小学教师，中小学正高级教师，全国五一劳动奖章获得者，国家"万人计划"教学名师，全国模范教师，国培专家，广东省特级教师，广东省最美教师，广东省名教师，广东省名教师工作室主持人，广东省劳动模范，广州市优秀专家。

信息技术学科相对于传统的学科而言，实在是太年轻了，比较容易受传统教学方法、模式的束缚。笔者作为一名从教小学信息技术学科二十年的教师，近年来非常注重观察课堂。小小的课堂凝聚了太多的智慧，每一个教学情境、每一个教学行为、每一个教学环节都承载着许多复杂的因素，其中蕴含的问题常让笔者苦思而不得其解，感喟：在课堂教学问题上，有多少知识都不够用，有多少能力都不够强，有多少本事都不够大。当以理想的眼光设想课堂时，课堂是那么富有生命力，师生的一举一动无不是生命力强有力的注解。然而，当真正走进课堂的时候，却无时无刻不看到：教师苍白的演译，学生无休止的机械训练，师生毫无生气地与知识联系在一起……这时，不得不反问，现在的教学到底怎么了？

　　在跟许多一线的信息技术教师交流和研讨的过程中，很多教师都有一种感觉，每次课前准备得十分充分，教学设计也很完善，教案写得也很好，可是到了课堂上就和课前准备的情况大相径庭。课堂上，部分学生注意力分散，教师不知道如何引导学生，不知道如何吸引学生的注意力，学生对教师提出的问题不感兴趣，等等。教师设计的课堂教学活动陷入无效甚至是低效的状况，学科知识、技能无法与生活建立有意义的联结，学生在完成学科课程学习后并没有形成信息技术学科思想方法和学科思维。

　　笔者认为要改变这种状况应该要重建信息技术课堂。面对纷繁复杂的教育实践，必然需要新的教育理念建构新的课堂教学。重建课堂意味着教师必须按照课程改革的思路和理念研究，改革和重塑教学，意味着必须改变惯常的思维方式和习惯，重新确立新的教学观和创造与之适应的教学行为，并进一步改变学生的学习方式。同时，更重要的是意味着信息技术课堂教学必须发生深刻的结构性变化。这种变化，不仅体现在信息技术教师所拥有的教学理念的先进性和科学性变化上，而且更需要将这种理念贯彻到实际的操作过程和教学行为中，并最终落实到学生的学习和发展上。

在万物互联、技术飞速发展的时代，核心素养、学科思维、跨界学习、大数据、云课堂、人工智能……一个个正以迅雷不及掩耳之势引发着教育的变革，并冲击着信息技术这门年轻的学科，信息技术课程也在不断地发展中为自己寻找新的定位。新时代需要怎样的信息技术课？信息技术学科应该如何进一步地发展？信息技术课程怎样才能焕发新的生命力？本书以独特视觉、系统思维、战略眼光，回归信息技术学科的初心和本源，反思学科课程建设的历程，深入分析当前课堂存在的问题，把项目学习的理念与信息技术学科教学深度融合，多角度、立体式、系统化地思考、探索、实践，重构有生命力的课堂，重塑新的课程，深刻地阐述了文化视野下信息技术课程的新特征、新方法、新策略、新路径，旨在与时俱进，并为信息技术学科发展、课程建设、教学研究提供参考和借鉴。

信息技术作为一门年轻的学科，确实需要雷厉风行、意气风发的理论专家和教育改革者，他们站在时代潮流的前沿，引领着信息技术教育的走向。作为一名教育行动开拓者——一线人民教师，笔者会坚定地把目光和足迹停驻在烦躁喧嚣的背后，守望、寻思并践行现实与理想之间被浮华遮蔽遗忘的问题之域，秉持心中那一脉细细燃烧的理想之火，踯躅而行，黾勉以求，无怨无悔。

目录
CONTENTS

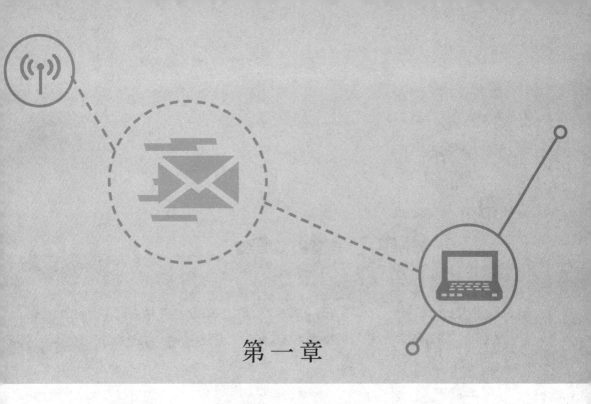

第一章

追本溯源:
回归信息技术学科本源的思考

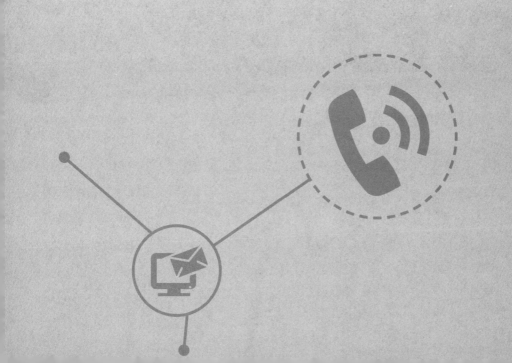

　　"经验+反思=成长""优秀教师=教学过程+反思"等公式异曲同工地表达了"教学需要反思""教师需要反思"。反思，对教育者而言，非为以往，非为现在，而专为未来。

　　信息技术作为一门年轻的学科，回顾和反思信息技术学科课程发展的历程，着实呈现出一系列的问题，如缺乏哲学与心理学基础，教学目标认识仍无法摆脱"计算机工具论"的价值取向，忽视课程的育人功能，教学方法无法适应信息技术课程目标的发展，课程评价理念和方式陈旧……这些问题都亟须每一位信息技术教育工作者深入反思。追本溯源，对于信息技术课程的发展，需要回归学科本体，建立"学科大概念"，强调"学科核心素养"，改进学业评价方式，才能让信息技术学科更具生命力。

第一节　对信息技术"理想课堂"的追求

自2000年以来，我一直在小学教书，在小学信息技术课堂中，在讲台上，一节课又一节课，一年又一年，就像农夫在地里耕作，一生做一件事，平凡极了。然而，时间如白驹过隙，二十年过去了。这些年，我一直在思考，教学何以精彩？课堂追求的境界是什么？是课前的灵动设计？是教师的诗意语言？是师生的默契交流？是教学的情境创设？是课堂的活动组织？是课程的资源运用？是课中的细节关注？还是课堂的动态生成？一节课，四十分钟，我虽然知道可能会发生什么，却无法预知有哪些妙不可言的细节和突如其来的障碍，也未必能清晰地描述它与未来的某种联系。我每天都在思索，曾为此殚精竭虑，时喜时忧。

一、立足"人的教育"

信息技术教学要立足"人的教育"。我深知课堂教学要在相关教学理论指导下实践。然而，我也在反思，如果始终把课堂当作"试验场"，致力于课堂教学的理论化，过于追求"创新"和"特色"，也许未必是明智之举。当娴熟的教学技术运用于课堂，并把它致力于为自己的课找到一枚与众不同的标签时，所谓的教学特色、教学风格，或许已违背了教育规律，忽略了教学对象。过分强调某种教学模式的课堂也许会让学生感到疲惫，教师教学中的标新立异可能会使学生无所适从。因此，我认为课堂应自始至终着眼于"人的教育"，如果过于把教学知识化，教学中将失去"人"的意味，如果教师眼中只有"课"而无"人"，那样的"教"将失去应有的社会价值。任何教学都一样，一种是纯知识的教学，一种是充满人性的教学。只要在教学中真正有"人"，我们便可以把本来无"人"的知识讲出人性的意味。"东鲁春风吾与点"是极高的教育境界，但它也是朴实、平易的教学常态。我憧憬那样的课堂，无论是教师，还是学生，甚至，只是一名旁观者。

二、把握"有效教学"

"有效教学"并非强求所有的教学环节都"有效"。前几年，国内教育界对"有效教学"非常关注，有学者提出"一节课四十分钟，每个环节都应当是有效的"，甚至有的教师追求课堂上应该无一句废话。我相信没有哪一位教师的教学会追求"无效"。我是赞成有效教学的，然而，我又对"每一个教学环节都要有效"表示怀疑。对于过分强调"有效教学"，其实是把教师等同于匠人。匠人的制作工艺往往计算精确，如核雕，雕琢力气的确不可多一分，次数不可少一下，一步也不允许有错。然而，我认为教学并非如此。学生掌握概念，习得方法，有的学生只需教师讲一遍，有的学生甚至无师自通，而有的学生则需要教师反复强调。教育是农业，而非工业，教学不是生产线，教学的目的是育人，很多时候难以用"效率"来衡量。尤其是基础教育工作，着眼于人的未来，谁能准确计算你今天的教学究竟能有多少效用？面对一个班几十个学生，个性差异，学力不一，志趣不同，品质相异，必须因材施教，对症下药。"真理多越一步即成谬论"，"有效教学"一旦被公式化，也许教师在教学上会无所适从，变得连课也不会上。

三、呈现"生活之美"

生活之美，无处不在。教学应呈现"生活之美"。当教师站在讲台之上，用温暖、亲切、充满期待的目光，触摸那些稚嫩且纯真的眼睛，无一例外地希望发出富有教育力量的声音。然而，教学之美，并不会自发产生，更不会自发转化为教育的力量，并成为教育的内在基石，它需要教师自觉珍视、创生与呵护。近年来，有个暗含贬义的词——"高大上"。一节"高大上"的课堂，师生活动正常，内容面面俱到，精耕细作，锦上添花，如琢如磨，富丽堂皇，那是教学美的表现吗？答案无疑是否定的。我企盼几幅简明的插图，一句润物无声的导语，一个肯定的眼神，一次及时的点拨，几项简单的演示，依然能在质朴的风骨中彰显教学之美的魅力。一节课究竟能承载多少东西？四十分钟，能讲清楚一个概念，讲授一种技巧，回归生活实际，启发学生关注一种方法，仅此而已，能做到已非常不错。简约的课，逻辑脉络清晰，无多余环节，也就未必苛求于"环环相扣"。学生在这样的课堂上，轻松、愉悦、自在，我愿意让学生轻松地上课，我愿意看到有笑声的课堂。简约，朴素，我想这就是课堂的"教学之美""生活之美"。

四、回归"学科本源"

信息技术学科教学应回归学科本源。信息技术是一门知识性与技能性相结合的学科，在课程整合思想的指导下，我们信息技术教师开始注重对教材要二次开发、活动主题要精心选择、情境要巧妙创设、环节要精心设计、素材要优化选择，目的是把信息技术的技能技巧层面目标和主题活动目标相结合，即把信息技术与其他学科资源做整合。但困惑一直在我的心萦绕着——信息技术的学科本位是什么？教学应如何回归学科本源？信息技术课堂上，活动的主题、创设的情境、选择的资源，在某种程度上或许会弱化技能训练。信息技术课堂在具体活动载体中，多了主题活动的分量，而少了技术层面的分量，这样"种了别人田，荒了自家地"，本末倒置，得不偿失。我认为，信息技术课堂应立足学科本位，回归本源，主题活动设计要善于引导学生在做中学，课堂的案例与练习要源于生活，并植于"小"而"实"的素材，使学生在"一用到底"的练习中更多地关注技术与技能，使练习与活动主题深度融合，让学生在边学边练的过程中，轻松掌握技术与技能，不设过多的任务痕迹，达到教与学的和谐统一。

五、培养"学科思维"

当今社会，信息技术的飞速发展正引发着教育的变革，信息技术课程也在不断的发展中为自己寻找新的定位。核心素养、学科思维、跨界学习、大数据、云课堂、人工智能……一个个以迅雷不及掩耳之势冲击着信息技术这门年轻的学科。人类社会正由信息时代走向以创新为核心的智慧时代，学校信息技术教育也就被赋予了全新的意蕴与内涵。作为年轻的学科，信息技术课程必须与时俱进地重构课程目标与定位，科学建构课程核心素养，落实学科思维、学科思想方法的培养。重视学生"计算思维""设计思维"和"批判思维"的发展，把学科思维与课程观念、知识体系进行有意义的联结，凸显信息技术的创新引领，在学生掌握知识与技能的基础上，引导学生用学科思维全面认识和思考这个复杂的信息化社会，做出科学、专业的信息化判断，更好地在信息化社会中生存、创新与发展，以推动信息技术学科在促进人的时代化发展中发挥更大的作用。

六、承载"课程思想"

信息技术教学应承载学科课程思想。信息技术学科实践性强的特征，常常需要倚重技能训练，往往容易使教学任务停留于"工具主义""技能至上"的层面，相对忽视能力发展和情感态度与价值观的养成，致使课堂带有浓厚的经验选择和工具取向色彩。这种情况，源于本学科长期以来缺乏系统而稳定的学科思想沉淀。在信息技术学科发展到课程思想建设的今天，基于课程思想的教学是信息技术课程发展的必然趋势。然而，技能训练与关注课程思想两者又并非完全对立。那么，在课程思想指导下的"技能训练"应当如何开展？我认为，要把学科思想中的技术思想、技术方法、技术价值做系统的承载，基本技能的训练不应当单纯为了熟练技巧，更重要的是使学生通过训练更好地理解技术的实质，体会课程精髓与灵魂，培养学科思想方法和思维品质。

且行且思，且教且研。作为一名小学信息技术教师，从教二十年，反思，能让我的教学逐步从"自发"提升为"自觉"，从"记述"积累到"反省"，从"技术"跨跃到"艺术"。教学，像长途跋涉，带着一群儿童、少年往前走，时儿驻足流连，偶尔会绕弯路，甚至会走错了路。虽然，我可能熟悉这段路，但我每次都带着不同的孩子，他们最终要走向不同的远方。我祈盼能带领他们，直到他们有勇气踏上另一段陌生的路。

第二节 对当前信息技术课堂教学的反思

中小学信息技术课程作为一门年轻的学科，已经走过了二十多年的发展历程。从电脑课，到计算机课，再到信息技术课，课程发展过程中，学校信息化环境、教师信息技术能力、学生信息素养等都有了不同程度的提高。然而，课程本身也存在着课程环境、教师发展和学生计算思维等诸多不均衡的问题。

《基础教育课程改革纲要（试行）》提出，要"大力推进信息技术在教学过程中的普遍应用，逐步实现教学内容的呈现方式、学生的学习方式，以及教学过程中师生互动方式的变革，充分发挥信息技术的优势，为学生的学习和发展提供丰富多彩的教育环境和有力的学习工具"。因此，加快信息技术课程的建设对全面推进素质教育，提高每一个学生的信息素养，培养学生的创新精神和实践能力，加快教育现代化进程具有重大意义。

一、反思信息技术教学中存在的问题和瓶颈

随着社会信息化的发展，互联网时代，尤其是大数据、社交网络、电

子商务、移动通信、第三方支付、云计算等，人类社会进入一个以"PB"（1024TB）为单位的结构与非结构数据信息的新时代。信息技术已成为人们工作、学习、生活必备的基本技能，信息素养已成为信息社会公民素养不可缺少的组成部分。

对青少年进行信息技术教育的主要途径是开设信息技术课程，信息技术作为一门实践性很强的学科，它要求学生能学以致用，把学到的知识运用到解决学习和生活等方面。但是学校的教学仍以教师讲授为主，学生习惯被动接受，学生的主体性没有被真正体现出来。比如，学生会上网冲浪，但不会正确、快速地搜索信息；学生掌握了多种信息技术工具，但不知道如何有针对性地选择和有效地使用这些工具；学生能熟练地操作计算机，但不能灵活运用所学技能和知识分析解决实际问题。

随着社会信息化的高速发展，信息技术课程迈入了一个新时代。信息课程所面临的一个重大挑战是：课程的主体，即学生是在一个完全信息化的环境中成长起来的，与以往任何时期的学生相比，他们显然更适应信息技术环境，或者更确切地说，信息化就是他们的生存方式。这样的一代90后、00后学生，是伴随着信息与通信技术的发展而成长起来的一代青少年，他们是"数字土著"，数字文化课程无疑为信息技术学科课程提供了新的视觉。

美国南加州大学媒体学教授埃伦·塞特进行了长达12年对8～12岁儿童计算机教学的实证研究。其在研究著作中这样写道："在教授孩子计算机和上网的过程中，孩子们一点都不害怕与新技术交互，并且很快掌握了新的计算机使用技巧，哪怕他们是第一次接触计算机。而在20世纪80年代以前出生的成年人，只能敬畏地看着现在的孩子，吃惊地发现孩子们在电脑面前显得如此地自如和精通。"

面对当今这样的信息技术环境和学生群体，我们不得不思考：信息技术环境的改变将给信息技术教育和教师的教学方式带来什么改变？

二、问题产生的原因

上述问题究其原因，主要是教师对信息技术课程的理念缺乏深入理解。在课程的实施过程中，仍然存在计算机教育的那一套思想观念，在目标、内容和方法上没有实质性转变。主要表现在以下几方面。

1. 信息技术课程缺乏哲学与心理学基础

在我国中小学，社会政治和经济因素对推动计算机课程的诞生与发展作用巨大。科技的发展、计算机应用的普及、信息化浪潮的来临，特别是领导力的作用，促进了计算机课程的诞生以及从计算机课程到信息技术课程的转变。但是，信息技术课程在哲学基础和心理学基础上的欠缺，使课程总是困惑不断地呈现出不稳定性，其发展的基本依据是"什么知识最有用"的简单实用主义，也缺少对中小学生心智特征和信息技术知识体系的系统研究。

2. 对教学目标的认识停留在"计算机工具论"

中国社会进入近现代以来，由于社会变迁对教学的反复冲击，加上我们民族长期以来形成的经世致用的思维品格，导致教育在现实层面始终没有超越工具主义的价值取向。而计算机作为纯粹的学习内容或学习目的，其结果更直接使信息技术课堂成为计算机知识与技能的传授与学习的场所，大部分一线的信息技术教师对信息技术课程教学目标的认识还停留在"计算机工具论"层面，教学上纯粹是为了教技术而教，并没有把信息技术课堂教学行为转变为学生日常生活的行为方式，信息技术学科思维、学科思想方法得不到有效的培养，更无法衍生出一种高层次的信息技术课堂文化。

3. 义务教育信息技术课程尚无独立的课程标准

一直以来，义务教学阶段信息技术学科的课程标准是依附于综合实践学科中的，并没有独立的学科课程标准。尽管人们普遍认识到信息技术课程的重要性，尽管教育管理者表现出了对信息技术课程价值的认同，尽管许多专家、学者和一线教师孜孜不倦地不断呼吁，然而，信息技术课程在义务教育阶段顺利实施的课程标准问题仍然悬而未决。文件课程的缺失，首先导致执行课程的定位模糊，课程实施者的认识和趋同度降低；其次，导致课程的实施者对信息技术课程在义务教育阶段的目标理解不到位；最后，导致信息技术课程的教材不尽如人意，课程资料的可利用性差直接影响了课程的顺利实施。

4. 传统的单一教学方法不适应信息技术课程目标要求

传统计算机教学方法是示范与演练、讲练结合，以掌握计算机知识、提高计算机操作水平为主，忽视学生自我探究能力的培养，压抑学生的主动性和积极性。信息技术教育不单是课程目标的变革，更是学习方法的革新，因而探索培养学生信息素养、引发学生高级思维的新型教学方法与模式，是目前最需要解决的问题，是信息技术课程目标能否得到落实的关键所在。

5. 教学评价方式单一

从"应试教育"向"素质教育"转轨，很重要的一条就是要改革评价制度。评价机制应当是全面的，不仅要有对学生掌握学科专业知识的评价，还要有对学生信息素养和综合能力等因素的评价。

信息技术课程的特征及目标属性决定了其评价应该是多样化的。根据我在信息技术学科教学实践的二十年，教师对学生学业的评价以学生的实践操作能力以及课堂的表现为主。而就信息技术课堂而言，大部分教师最关注的是学生学以致用的能力，也有不少教师能同时关注学生在学习过程中的表现，只有少数教师涉及学科素养、计算思维、学科文化等方面的评价。因此，我认为，在相关教材开发时应该在这方面有所考虑，以更好地支持教师的教学设计以及开展多元多维度的学业评价。

纵观现在的信息技术课堂，仍然有把现代设备当作辅助工具，把信息技术课上成纯粹的技术课，教师围绕着"让学生会做"这一宗旨而演示、示范，学生则依葫芦画瓢，信息技术课堂没有发生根本改变。因而，我提出在教学中将"基于项目的学习（PBL）在小学信息技术程序设计教学中"作为信息技术教学的一个突破口，让学生通过一系列项目的设计进行创造性学习，培训初步建模思想，发展计算思维，培养学生乐于探究、勇于探究的精神，提高学生研究问题和解决问题、自主学习和协作交流的能力。

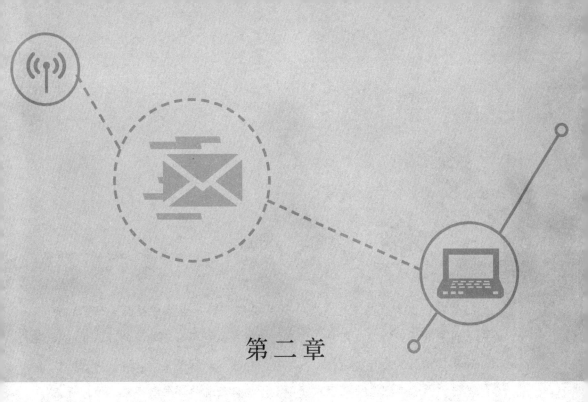

第二章

项目引擎：

项目学习应用于信息技术课程

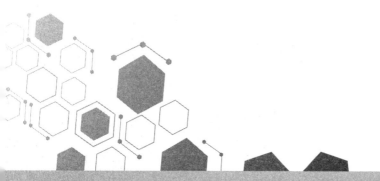

　　随着社会信息化的飞速发展，计算思维、信息素养日益成为信息社会公民素养不可或缺的组成部分。信息技术教育已经超越了单纯的计算机技术训练阶段，发展成为与信息社会人才需求相适应的信息素养教育。由于对信息技术课程的基本理念缺乏深入理解，计算机教育的那些思想观念依然存在于一些学校的信息技术教学中，在目标、内容和方法上没有实质性转变。要改变这种现状，必须探索信息技术课程的新型教学模式，而基于项目的学习（PBL）便是其中一种行之有效的教学模式，它有利于提高学生的问题解决能力，培养学科核心素养，提供学习经验，转变学习方式，培养社会适应性，有利于实现跨界学习等。因此，基于项目的学习模式对小学信息技术学科课堂教学改革以及开展研究性学习、综合课程均具有较大的借鉴意义，值得我们进行深入的研究和探讨。

第一节　项目学习（PBL）的概述

近年来，创新教育在我国逐渐兴起，Scratch教学、深度学习、项目学习、STEM教育等高频词陆续收入教育的词汇中，信息技术学科迫切需要发挥桥梁和纽带的作用，融入教育改革的潮流中。信息技术教育是文化论与工具论的融合。当我们步入信息社会，信息技术早已作为一种文化融入人们的日常生活中，同时人们又把信息技术作为认知工具，用来认识周围的物理空间和虚拟空间，在认识世界的过程中创生新的信息文化。课堂上，我们不能把信息技术仅仅作为一种工具来引导和教育学生，信息技术还能被用来创造新知识，丰富社会文化。

基于项目的学习（Project-Based Learning，简称PBL）模式，源于当今国际教育界十分流行的"项目教学法"。例如，美国工商管理硕士教育（MBA）经过长期的教学实践，已经形成了独具特色的教学方法，主要包括案例教学法、模拟教学法和项目教学法等。项目式学习是一种新型的研究性学习模式，它强调以学科的核心概念和原理为中心，借助各种资源，让学生在真实世界中亲自调查研究，以制作作品的形式表达探究活动所得。同时，它是一种提倡学习者在"做中学"的学习模式，是一个旨在提高学习者多种能力的学习模式。近年来，项目学习被广泛地运用到中小学各学科的课堂教学、高等教育、职业能力培训等多种教学环境中。

一、基于项目的学习的内涵

1. 基于项目的学习的概念

人们经常听到的"项目（Project）"一词，指的是事物按性质分成的门类。而教育领域中的"项目"指的是一种学生围绕所选取的题目进行的一系列调查、观察、研究、表达新学知识、展示和分享等学习活动。这种活动一般分小组进行，也有的是学生独立工作。

"题目（Topic）"是现实世界中让学生感兴趣又值得他们注意、详细调查的事物。

"基于项目的学习"是以学习研究学科的概念和原理为中心，以制作作品并将作品展示给他人为目的，在真实世界中借助多种资源开展探究活动，并在一定时间内解决一系列相互关联着的问题的一种新型的探究性学习模式。

基于项目的学习旨在把学生融入有意义的任务完成的过程中，让学生积极地学习、自主地进行知识的建构，以学生生成的知识和培养起来的能力为最高成就目标。

2. 项目的类型

项目多种多样，有些项目具有严密的程式，而有些则是学生感兴趣的主题或活动。根据项目学习的特征，人们一般把项目分成五类。

（1）有结构的项目。有结构的项目（Structured Projects）指的是要求产品符合特定的标准，即要求学生制作的产品具有一定的尺寸、包含特定的材料、能发挥特定的功能、满足规定好的质量标准等。学生可以有一段时间（一个星期、一个月或一个学期）来制作产品，并且要展示完成好的作品来表明这些产品是否符合既定的标准，教师通过对产品是否满足规格要求来评价学生学习的成功与否。"落蛋"（Egg Drop）是一个典型的"有结构的项目"。在这个项目中，要求学生设计一个箱子，箱子里放着鸡蛋，当箱子从2

米的高度落下时，要使鸡蛋不破。学生可以用任何材料来做这个箱子，箱子里也可以用任何垫子来垫，但箱子、垫子、鸡蛋加起来的总重量不得超过500克，每边的长度不得超过30厘米，学生要在规定的时间内完成箱子的设计，并把产品带到班上进行展示和检验。到了规定的时间，所有的"落蛋"箱子都要经过检验。如果某个箱子从2米高度落下时，箱子和鸡蛋都完好无损，就判定该箱子具有"专业水平"；如果箱子破了而鸡蛋没破，则判定要对箱子进行重新设计；如果箱子和鸡蛋都破了，那么就判定箱子不合格。当学生在做类似于"落蛋"这样"有结构的项目"时，他们实际上是在做具有同一功能的物体，所做的产品也一直是相同的。

（2）与主题有关的项目。与主题有关的项目（Topic-Related Projects）指的是学生对单元学习的拓展，由学生自发选择主题或由教师布置。每个学生要收集与主题相关的资料，然后对资料进行分析、整理、综合，最后形成一个最终的产品。这种最终产品常常是一份书面报告，通过书面报告向他人展现他所学到的知识内容及其对他个人的意义。展现的产品可以包括幻灯片、录像片、招贴画、小册子、杂志或其他音像制品。如果项目是由小组成员共同来承担的，则由小组成员合作来完成书面报告，并由小组的负责人向全班展示他们的产品。当学生在收集与主题有关的资料时，他经常会对该主题产生较浓厚的兴趣，形成较完整的个人化理解。多名学生或一组学生各自做与主题有关的项目，这些项目又可组成一个较大的学习单元，当项目完成时，每个学生都可经历超越单元内容的学习内容。

（3）与体裁有关的项目。与体裁有关的项目（Genre-Related Projects）指的是要求学生制造某种既包含关键要素，又符合特定参量（Parameter）的产品，当学生在制作产品时，他们可以运用某种参量作为指南，同时教师可以鼓励他们在设计最终的产品时采用头脑风暴法来充分发挥他们的创造性。例如，体裁是儿童文学，那么学生可以做一本有封面、封底和标题页的图文并茂的书。为了处理这些关键的要素，学生就要考虑"出版社"的标准。如果他们以一本已经出版的故事书作为参照，他们就会发现这一项目相对来说较为容易，教师和学生就可以通过相互讨论的方式来制定学生进行自我评价作品的规则，比如是一本达到专业化水准的故事书还是一本草稿等。通过对这一项目的学习，学生就会逐渐掌握形成"与体裁有关的项目"中所包含的要素特征及其产品制作的要领。

（4）模板项目。模板项目（Template Projects）是建立在已做好的材料基础之上的项目，这一项目的材料一般已有固定的形式、形态或结构，在进行这一项目时，学生必须参照这一"模板"来进行。例如，报纸必须遵循一个被普遍接受的结构，这种结构就是一个"模板"。无论是一个大城市的日报还是一个小镇的周报，一般都以当地的新闻作为报纸的头条新闻，接着是国内外新闻，最后是社论、读者来信、评论、专栏等。学生可以用这种"模板"来创办班级或学校的报纸，关于特定历史事件的报纸以及想象中的关于未来事件的报纸（如一百年以后的未来等）。

（5）开放性项目。开放性项目（Open-Ended Projects）指的是那些鼓励冒险、创造性、革新以及发散性思维的项目。学生在做这些项目时不必有指南或标准，他们可以以自身的方式来看待熟悉的物体或通过对熟悉材料的调查发现新的应用等。教师和学生可以一起通过讨论来建立项目的指南，包括对信息的收集、从头脑风暴中产生的想法、对产品的检验以及如何完成最终产品等，因而其项目学习的过程是开放性的。学生通过对这一类项目的学习，可以了解开放性的项目学习从主题确立到收集资料、形成最终产品的过程，学会如何从不同的角度认识事物和提出新的想法等，从而增强个人的创造性思维能力。

二、基于项目的学习产生的背景与意义

"基于项目的学习"实际产生于20世纪八九十年代西方一些发达国家，并逐步发展成为信息时代一种重要的教学模式。它具有深厚的历史背景和现实意义。

在农业时代和大工业时代，一般学习的目的仅仅限于文化知识的吸纳，书本和教师传授成为最便捷的方式。传统的学习一般是把要学的知识从具体的生活情境中抽取出来，学习者所面对的问题被人为地删除许多复杂因素，变得单纯而抽象。这样能让学习者迅速准确抓住问题的本质，但不利于学习者全面地了解知识的生活原型，一旦面对复杂的现实问题往往束手无策，更不用说创新了。

在信息时代，随着知识经济的兴起，学习知识的目的不只是继承，更在

于创造更多的知识和解决实际生活中的问题，用知识创造财富，促进人类可持续发展。基于项目的学习正是创造性地解决实际问题的学习，从多个层面促进人的发展的学习模式。

从另一个角度来说，当今电脑技术、网络技术、通信技术等迅速发展，信息传递速度越来越快捷，知识量猛增，仅仅靠书本知识的学习难以完全了解知识海洋的全部。为此，教师可以根据教学目标和学生发展的需要确定一个个学习项目，透过一滴水来看世界。同时我们也应看到，在信息时代，各学科之间的界限被打破，在更高层次上整合和返璞归真，所有学科更贴近生活和现实问题，因此采取综合性的、研究性的项目学习也是必要的。

此外，在信息时代，由于高科技的迅猛发展、学习资源的极大丰富和信息获取的丰富而快捷，项目学习不仅是可行的，而且是高效的。

三、基于项目的学习的构成要素

基于项目的学习主要由内容、活动、情境和结果四大要素构成。

1. 内容

基于项目的学习的内容（Content）是指学习的主题和目标，主要是现实生活和真实情境中表现出来的各种复杂的、非预测性的、多学科知识交叉的问题。教师通过对内容的制定，可以很好地管理学习者学习的方向和速度。

项目内容包含激发学生兴趣的亮点，任务呈现在复杂背景之中，学生要在不同观点之间发现存在的学科之间的联系，努力克服任务本身包含的模糊性、复杂性和不确定性等困难。

基于项目的学习的内容具有如下特点。

（1）内容应该是现实生活中的问题，是完整的而非支离破碎的知识片段，即强调知识的完整性和系统性；是值得学生进行深度探究、学生有能力进行探究的知识。

（2）内容要比传统的学科课程大得多，通常是跨学科的。

（3）内容应该与个人的兴趣一致。

2. 活动

基于项目的学习的活动（Active）主要是指学生采用一定的技术工具（如计算机）和研究方法（如调查研究）解决所面临的问题而采取的探究行动。

在学习活动中，PBL强调学生的协作能力和实际解决问题的能力。

基于项目的学习的活动具有如下特点。

（1）活动具有一定的挑战性。在基于项目的学习中，学生会遇到一些具有一定困难的问题。同时探究活动也促使学生掌握现实生活中复杂的概念和技能，并在不同情境中运用这些技能完成类似"行家"般的任务，履行专业性的职责，形成一定的工作业绩，通过这样的一系列活动形成和提高自身的技能水平。

（2）活动具有建构性。由于基于项目的学习允许学生建构并生成自己的知识，所以他们很容易对知识进行记忆和迁移。在基于项目的学习中，活动给学生提供一种学习的经历，学生能够建构自身的知识。这种知识的建构是通过如下程序来实现的：学生确定问题，寻求解决问题的办法，对问题进行研究，选择信息，分析信息，合成信息，并将新获得的信息与以前所学的知识联系起来。

（3）活动应该与学生的个性一致。基于项目的学习适应于不同的方法学习，能给学生提供多种方式参与和验证他们的知识学习，适合各种各样的智力技能（如肌体运动技能、图像技能）的学习，也能适应不同的学习风格，如个别化学习或者小组合作学习，还能给家长提供其子女各种业绩的信息。

3. 情境

情境（Environment）是指支持学生进行探究学习的环境，这种情境既可以是物质实体的学习环境，也可以是借助信息技术条件所形成的虚拟环境，它具有如下特点。

（1）情境促进学生之间以及学生和社会团体之间的合作。基于项目的学习和其他学习模式相比，能给学生提供更丰富的、更具真实性的学习经历。在这种情境中，学习和工作需要相互依赖和合作。这种环境同时也能使学生防止人际冲突，并且帮助其解决人与人之间的冲突。在没有压力、精诚合作的环境中，学生对发展他们的能力充满了自信。

（2）情境利于学生使用并掌握技术工具。情境为学生学会使用各种技术（如计算机技术和摄影技术）提供了一种理想的环境，能拓展学生的能力并为他们走向社会做好准备。

4. 结果

结果（Result）是指在学习过程中或学习结束时学生通过探究活动所学会的知识或技能，如交际技能、自主学习技能、生活技能和自我管理技能等。学生通过参与基于项目的学习，将产生一定的智力和劳动成果，这个成果应该是可以对其他人演示的成果，如模型实体或报告等。另外，通过成果，对教师来说可以增加一个评估学生的指标，而且这个指标也是非常重要的。学生本身也有权利参加关于他们自己的评估，因为对于学生来说，评估自己是一件非常重要的工作。

基于项目的学习模式同时也促进学生的高级认知技能和问题解决策略的形成，为培养专业技能和训练专业研究策略提供服务，促使学生"学会学习"。

四、基于项目学习的特征

基于项目的学习主要有以下特征。

1. 学习情境真实而具体

基于项目的学习按学习的需求立项，一般取材于生活，学生面对的是真实而具体的问题，而不是被"挤干"了各种复杂因素的单纯而抽象的某个学习问题。学生通过探究现实生活中的问题获得学科知识的核心概念和原理，从而掌握一定的技能。

2. 学习内容综合而开放

基于项目的学习所涉及的问题不论大与小，都具有综合性和开放性。说它综合，是因为它融理论知识与实践操作于一个个项目之中，包容了多方面的知识和技能。来源于现实生活的问题是一种多种学科交叉的问题，在学习过程中，面对现实生活中的问题，学生需综合运用多种学科知识来理解和分析，单纯地依靠一门学科知识则无法解决所遇到的问题。说它开放，是因为它不局限于书本，也不局限于某个角度来看问题，所涉及的问题是活生生的、不断变化发展的，可从多个角度来分析。

3. 学习途径多样而协同

基于项目的学习往往需要通过实践体验、学习书本知识、创造想象等多种途径来完成。在学习过程中，学生会使用各种认知工具和信息资源来陈述他们的观点，支持他们的学习。学生可以充分利用多媒体和计算机网络等信息技术，在数字化的学习环境中，利用数字化学习资源，以数字化方式进行学习，在利用资源、自主发现、协同合作、实践创造中完成学习任务。

4. 自主探究与合作学习相结合

在基于项目的学习过程中，学生在自主探究的前提下，以小组合作的形式进行学习，最终共同解决问题。学生与教师及小组成员相互合作，形成"学习共同体"。在"学习共同体"中，成员之间是一种密切合作的关系。

5. 学生的收获多面而有个性

基于项目的学习需要学生既学习书本知识，又参与实践活动；既吸收前人的文化传承，又大胆探索创新，这就使学生的收获不仅是多方面的，而且是富有个性的。学生在进行项目学习时，既要思，又要做，还要创，学生的感官全面参与，形成富有个性的认知和体验。通过基于项目的学习可以培养学生的自学能力、动手能力、研究和分析问题的能力、协作和互助能力、交际和交流能力等。

6. 对学生的评价连续且方式多样

在设计项目时，教师就应该考虑项目在实施过程中，学生的评价是可连续的。评价的可连续性是指在实施项目过程中的不同时刻，都能够对学生的表现和学习情况进行评估。它不但要求对结果的评价，同时也强调对学习过程的评价，真正做到了定量评价和定性评价、形成性评价和终结性评价、对个人的评价和对小组的评价、自我评价和他人评价之间的良好结合。基于项目的学习尽管也强调学习的研究性、综合性和创造性，但它不是从学习的目的来说的，而是强调学习的方式，注重学习项目的生活情境和文化内涵，让学生在知识的活化形态中吸收和创新。

第二节　项目学习的理论基础

一、建构主义理论

建构主义认为，知识不是通过教师传授得到，而是学生在一定的情境即社会文化背景下，借助学习过程中其他人（包括教师和学习伙伴）的帮助，利用必要的学习资料和学习工具，通过积极建构的方式而获得的。

建构主义学习理论的四大要素是"情境""协作""会话""意义建构"。情境，学习环境中的情境必须有利于学生对所学内容的意义建构。协作，应该贯穿于整个学习活动过程中。教师与学生之间、学生与学生之间的协作，对学习资料的收集与分析、假设的提出与验证、学习进程的自我反馈和学习结果的评价以及意义的最终建构都具有十分重要的作用。会话，会话是协作过程中不可缺少的环节。学习小组成员之间必须通过会话商讨如何完成规定了学习任务的计划。此外，协作学习过程也是会话过程，在此过程中，每个学生的思考成果为整个学习群体所共享。意义建构，是教学过程的最终目标。其建构的意义是指事物的性质、规律以及事物之间的内在联系，在学习过程中帮助学生建构意义就是要帮助学生对当前学习的内容所反映的事物的性质、规律以及该事物与其他事物之间的内在联系达到较深刻的理解。

由此可以看出，建构主义学习理论对基于项目的学习教学的指导作用是显而易见的。强调以学生为中心，在学习过程中注重学生主动性的发挥，让学生拥有在不同的情境下应用所学知识的多种机会，让学生通过自己的调查实践形成问题的解决方案，发挥他们的主动性。这正是建构主义里面的情境对意义建构的重要作用。而且基于项目的学习强调协作学习、成果交流，这正是对意义建构起关键作用的部分，让学生建立起学习共同体，共同完成对所学知识的意义建构。

二、情境学习理论

基于项目的学习理论不仅蕴含着建构主义学习理论，还蕴含着情境学习理论，以及情境学习理论的基本特征。

情境学习理论是指知识是情境化的，而不是抽象的，并且是基于社会情境的实践活动，是个体和环境交互作用过程中建构的一种交互状态，是人类协调一系列行为去适应动态变化发展的环境的能力。在情境学习理论中，它把概念性的知识看作是一系列的工具，只有通过运用才能被完全理解。情境学习强调在知识实际应用的真实情境中呈现知识，把学与用结合起来，让学生像专家、研究者一样进行思考和实践；还强调通过社会性互动和协作来进行学习。情境学习理论具有三个基本特征：首先是真实性，即情境学习的关键在于提供真实的学习环境，鼓励学生从多个角度思考问题，因为"世界是丰富多彩的，答案不是唯一的"，所以应该让学生发挥他们的潜能，寻求不同的解决方法。其次是参与性，在情境学习中学生以合作学习小组的形式，围绕共同的问题，展开讨论与学习，并进行相互交流，从而提高自己的思维能力和自我反思能力。最后是指导性，教师的指导作用在情境学习中是必不可少的，教师需要给学生提供相应的资源以供他们达到目标。可以看出基于项目的学习充分体现了情境学习理论的三个特征，在基于项目的学习里面首先要给学生提供需要解决的真实生活中的问题，以供学生运用各种途径寻找解决方案，参与性更是基于项目的学习必不可少的，在教师提供的真实问题的基础上，学生以个人或小组形式参与进来共同将作品制作出来，作品制作出来以后还要进行成果交流，这些都需要学生的参与。对于指导性，在基于项目的学习里面教师充当的角色是指导者、协作者，引导或指导学生去解决问题，帮助他们完成任务，对他们的成果做出合理的评价。

三、杜威的实用主义教育理论

由前面的介绍我们了解到，基于项目的学习是以真实的或模拟的现实生活中的问题为载体，以学生为中心，以活动为中心，让学生通过自主探究并运用所学的知识和已有的经验来完成作品，在活动中培养学生的动手能力，可以说基于项目的学习采用的是"做中学"的方式，这与20世纪初美国的实用主义哲学家杜威提出的实用主义教育理论是一致的，尤其是与杜威在《民主主义与教育》一书中阐述的"三中心论"相一致。

杜威的"三中心论"："以经验为中心""以儿童为中心""以活动为中心"，是针对"以课堂为中心、以课本为中心、以教师为中心，注重强制性的纪律和教师的权威作用"的传统教育所提出的实用主义的教育理论。

以经验为中心：他个人认为"一切的知识都来自经验"，并在书中提出"教育即生活，教育是传递经验的方式"。对于教育他是这样定义的：教育就是经验的改造或改组。这种改造或改组，既能增加经验的意义，又能提高指导后来经验进程的能力。

以儿童为中心：传统教学忽视学生的兴趣，忽视学生的需要，以教师为中心，针对这种情况，杜威提出了一切应以学生或者说学习者为根本出发点，教育应以他们为中心进行组织而不是课本，更不是教师，使得教育的重心发生了转移，这是教育界的一场革命。

以活动为中心：传统教学以课本为中心展开教学，组织学生学习，这本身是存在弊端的，那就是不能给学生提供主动学习的机会，而杜威就此提出了以活动为中心，他认为学校是社会生活的一种形式，主张学生在实践活动中求取学问，在做中学，他的"在做中学"实质就是让学生从实践中培养动手能力，这也是与基于项目的学习最一致的地方，基于项目的学习也是期望通过在做中学培养学生的动手操作能力。

由此可以看出，在基于项目的学习中蕴含着杜威的实用主义教育理论。

第三节 项目学习应用于信息技术课程的可行性分析

基于项目的学习是以学科的概念和原理为中心，以制作作品并将作品推销给客户为目的，在真实世界中借助多种资源开展探究活动，并在一定时间内解决一系列相互关联着的问题的一种新型的探究性学习模式。

将项目学习应用于小学信息技术课程，能有效提高学生的解决问题能力，提高信息素养，提供学习经验，改变学习方式，培养信息技术学科思维和学科思想方法。

一、项目学习与信息技术课程两者特点的可行性

表2-1　项目学习与小学信息技术课程特点的比较

特点	项目学习	小学信息技术课程
实践性	项目的主题与真实世界紧密联系，学生的学习更加具有针对性和实用性	信息技术学科课程的特点强调实践，而信息技术课程中主题作品创作课程更是重在实践，紧密联系生活
自主性	向学生提供能根据自己兴趣选择内容和展示形式的决策机会，学生能自主、自由学习，有效促进创造性思维发展	学习内容宽泛，学习方法多样，注重学生对课程内容的创造性学习
发展性	长期项目与阶段项目相结合，构成实现教育目标的认知过程	课程学习对学生而言是整体素质和能力的提升，能促进学生短期和长期能力的发展
综合性	具有学科交叉性和综合能力运用的特点	小学信息技术课程是信息技术、语文、艺术、文化、综合实践等多学科的交叉和整合
开放性	学生围绕主题探索的方式、方法和展示、评价，具有多样性和选择性	教学方法多样，在确定主题后，学习过程可以有多种渠道，作品展示可以有多种形式

从表2-1项目学习与小学信息技术课程特点的对比中，我们可以看到两者具有相当的契合点，项目学习能有效应用于数字文化创作课程的教学。

二、项目学习应用于信息技术课程实施条件的可行性

"项目教学法"中的项目主要是指针对某个教学内容而设计的能由学生独立或小组合作完成的、可以收到良好教学效果的任务。它与数字文化创作课程都满足下面的实施条件。

第一，该项目可用于学习一定的教学内容，具有一定的应用价值；第二，能将某一课程知识和实际技能结合在一起；第三，该项目能够激发学生的学习兴趣；第四，学生有独立完成某项任务的机会，在一定的时间范围内可以自行组织、安排自己的学习行为；第五，有明确而具体的成果展示，有明确的评分标准，可以对完成的作品进行评价；第六，学生必须克服、处理在项目工作中出现的困难和问题；第七，具有一定的难度，不仅是已有知

识、技能的应用，而且还要求学生运用新学习的知识、技能，解决过去从未遇到过的实际问题；第八，学习结束时，师生共同评价项目工作成果和工作学习方法，并可以把项目内容延伸，以适应以后的需要。

三、项目学习应用于信息技术课程实施过程的可行性

1. 选定任务

选定任务通常由教师提出一个或几个项目任务设想，然后学生一起讨论，最终确定项目的目标和任务，要求学生在规定的时间内必须完成项目。

2. 制订计划

根据项目的目标和任务，由学生制订项目工作计划，确定工作步骤和程序，并最终得到教师的认可。

3. 实施项目

学生确定各自在小组的分工以及小组成员合作的形式，之后按照已确立的工作步骤和程序工作。

4. 评价反馈

评价反馈主要根据每个学生在该项活动中的参与程度、所起的作用、合作能力及成果等进行评价，先由学生自己进行自我评估，之后再由教师对项目工作成绩进行检查评分。师生共同讨论、评判在项目工作中出现的问题、学生解决处理问题的方法以及学生的学习行为特征。通过对比师生的评价结果，找出造成评价结果差异的原因。

5. 成果交流

成果作为项目的实践教学产品，应尽可能具有实际应用价值。因此，项目工作的结果应该归档或应用到学校的教学实践中。

因此，"项目学习"是一种典型的以学生为中心的教学，学生在教师的指导下亲自处理一个项目的全过程，在这一过程中学习掌握教学计划内的教学内容。这种教学方法能够激发学生主动学习的热情，培养学生的创造性和团队协作的精神，在数字文化创作课程教学中推行项目教学无疑是可行的。

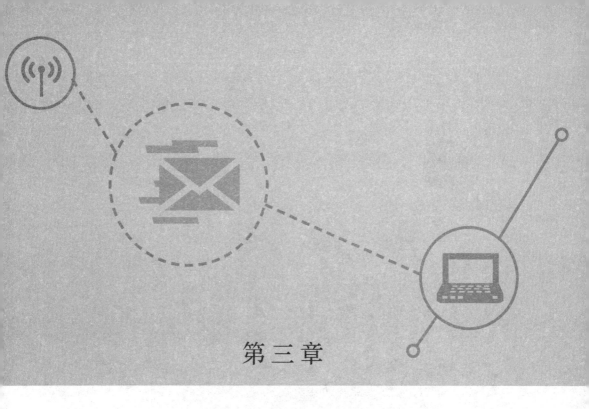

第三章

意义互联：

技术课程活动项目的科学设计

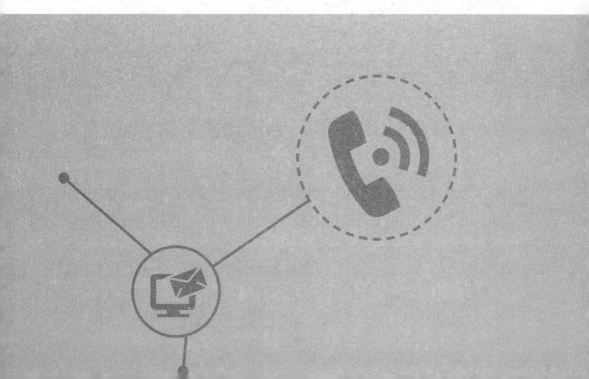

　　项目学习应用于小学信息技术程序设计模块教学，以活动项目的形式来组织教学是有效途径之一。通过合理设计课堂活动的项目，创设来源于生活实际的情境或主题，学生在一系列的课堂活动项目中，不断尝试、实践与体验，实现知识、技能和能力的螺旋式提高，有效增强学生的学习兴趣，有助于达成教学目标，突出教学重难点，使教学活动服务于教学内容，使知识技能与生活实践建立有意义的联结，提高课堂教学的效果，提升课程的品质。因此，项目学习与信息技术课程的融合，课堂活动项目的科学设计、合理编排、有效组织等便显得尤为重要。

第一节　小学信息技术课程课堂活动项目设计的原则

基于项目的学习作为一种教学模式，是一种对传统教学理念的革新，这种模式强调的是以学生为中心，强调小组合作学习，要求学生对现实生活中的真实性问题进行探究。我认为在设计课堂活动项目中需要遵循以下"六个相结合"的原则。

一、基础知识与发展能力相结合

一方面，信息技术课程课堂活动项目设计需在重视信息技术基础知识、基本技能、基本方法和基本态度培养的同时，贯彻落实为学生的终身发展夯实根基的思想。因此，在教学内容的编排和教学素材的选择上，突出"基础性原则"，注重知识的迁移，注重引导学生把信息技术应用于学习、生活中。另一方面，项目设计需体现时代发展的特征，教学素材和内容保持对信息技术最新进展的关注，保持对社会信息化进程中出现的新现象的关注，可适当介绍一些发展性信息技术的内容，引导学生正确认识与技术相关的伦理、文化和社会问题，负责任地使用信息技术，拓展学生的视野。同时，应致力于培养学生主动适应信息技术发展变化的能力，而不只是机械地操作和模仿。在追寻技术发展的过程中，让学生体验技术创新的价值，培养追求创新的精神，发展创新的能力。

二、学生主体与教师主导相结合

学生是信息加工的主体、知识意义的主动建构者，教师是学生主动意义建构的帮助者、促进者和引导者。项目的设计应充分体现"学生为主体，教师为主导"的理念。项目的设计不应过分追求知识的系统性和全面性，也不应该设计成面面俱到的软件说明书和软件使用手册。课堂活动项目在明确信息技术知识和技能目标要求的基础上，精心选择有助于技术学习的应用主题，兼顾过程与方法、情感态度与价值观目标的体现。项目的设计应注重在教师发挥主导作用的前提下，引导学生积极地开展思维活动，主动地获取知识，应适时适度设计"留白"，留给学生思维驰骋的空间和自由思考的余地，重视教与学过程中教师的启发、引导，重视师生之间的交流与互动。

三、信息技术与生活实际相结合

信息技术课程是一门具有明显时代特色的工具性课程，同时又是一门基础性课程。作为一门工具性课程，只有将其应用于实践中，学习的效果才能有效提高。作为一门基础性课程，项目学习应定位于为学生当前的学习和生活服务。课堂活动项目在内容的设计和活动的编排上注重充分发掘信息技术课程本身的内涵，密切联系学生的现实生活和社会实践，拓宽信息技术学习和运用的领域。活动主题应贴近学生的生活经验和"真实"学习任务，并以此引导学生在动手操作、自主探究和解决问题的过程中把"学技术"与"用技术"融合在一起，学以致用，让学生在活动过程中掌握应用信息技术解决问题的思想和方法。

四、趣味性与严谨性相结合

教材克服学科知识点模块化、离散化的特点。教材为调动学生求知欲，从贴近学生的生活、贴近实际的简单有趣的实例入手，用简练、符合学生心理特征的语言呈现教学内容，用活泼丰富的图表帮助学生理解教学内容，并引入与教学内容相关的情境和活动，引导学生进入学习状态。在注重趣味性的同时，注重信息技术课程教学内容体系结构的严谨。从而使学生爱学、想学、乐学，使信息技术的知识、技能、信息意识在学生学习的过程中不断得到巩固和加强。

五、科学教育与人文教育相结合

任何技术在凝结一定的原理和方法、体现科学性的同时，都携带着丰富的文化信息，体现着一定的人文特性。因此，课堂活动项目应重视信息技术与人文精神的结合，展现信息技术的文明与创新，发掘信息技术应用中蕴藏的神奇与趣味，以引导学生欣赏、体验信息技术活动中的文化性和社会价值，培养学生的社会责任感。同时，还应把信息伦理道德教育广泛渗透到活动项目的细节中，让学生无形中养成良好的信息行为习惯。此外，项目的设计还应充分体现地方特色，融合地域文化。在选择主题和情境的实例、场景、知识背景、语言风格等相关素材时，需要尽量体现地方特色和文化内涵，让学生浸润在地方文化之中学习信息技术。

六、技术应用与课程整合相结合

技术是为应用服务的，学习信息技术，最终还是为了利用信息技术帮助生活、学习和工作。因此，课堂活动项目的内容既要回归信息技术的学科性，又要兼顾课程的整合性。课堂活动要注重基础知识、基本技能的学习，注重技术在生活中的应用，注重信息素养的培养，同时又要把技能学习与其他学科有机整合，强调不同学科知识与技能、过程与方法、情感态度与价值观的相互渗透，使之超越学科的界限，进而从整体上来建构学生开放性的知识结构，使学生扩展技术应用的内涵，激发学生学习信息技术的兴趣，培养主动应用信息技术解决问题的意识，使学生得到全方位的发展。

第二节　小学信息技术课程课堂活动项目设计的理念

基于项目的学习不同于传统的接受性学习，学生不必聆听教师的讲授，而是根据自己的兴趣爱好、专长来选择适当的主题进行学习。基于项目的学习充分调动了学生主动学习的愿望，提高了他们的学习动机。

一、立足基本，培养兴趣

小学信息技术项目设计，在主题编排上要突出信息技术学科的基础性，从基本知识、基本操作和基本应用出发，以典型工具的使用为主要内容，以让学生掌握信息技术的基本知识和基本技能为目标。在掌握基本知识和基本技能的基础上，通过过程与方法的引领，激发学生学习信息技术的兴趣和热情，让学生了解和掌握信息技术的基本知识和基本技能，提高学生的信息迁移能力，培养学生的信息素养，为后续课程的学习以及应对信息社会的挑战打好基础。

二、联系实际，紧扣生活

项目的设计要贴近学生的知识基础和能力水平。课堂活动项目中所创设的情境、案例、任务、练习、主题等注重联系学生的学习和生活，注重将现实生活中的问题转化为教材实例，注重引导学生用信息技术解决生活中的实际问题，把"学技术"与"用技术"有机结合在一起，让学生在贴近现实生活的环境中学习信息技术知识和技能，积累学习和应用信息技术的有益经验，体验信息技术课程的魅力，并学会利用信息技术为生活服务。

三、面向全体，循序渐进

由于学生的起点和个人接受能力等方面存在差异，学生对学习内容的需求各不相同。因此，项目的内容要面向全体学生，注意结合小学生的知识基础和能力水平，以尽可能使每一位学生都能掌握内容为设计准则，在内容编排上体现层次性，由浅入深，逐步深入，合理设计内容的难度和深度。同时，活动主题还关注学生在学习信息技术课程方面的个体差异，在学生达到基本目标的基础上，鼓励个性发展。同时，项目的编排注重内容的衔接和过渡，以实现内容难度的渐变。

四、突出实践，学以致用

信息技术属于技术学科的一个分支，是一门实践性很强的学科。技术是信息技术教育的骨骼，信息则是血和肉，两者不可分离，相辅相成。信息素养的培养要通过技术操作来实现，因此，课堂活动项目的设计要注重操作，突出实践，情境应以问题解决为导向，将信息处理和交流的思想贯穿于教材始终，避免教学中单纯说教。项目内容强调学生的实践操作和学以致用，无论是哪种实践性内容，其目的都是为了让学生在实践过程中获得丰富的个性体验，加深对信息技术和信息文化的理解，提升自身的信息素养。

五、任务驱动，鼓励探究

"任务驱动"是一种建立在建构主义教学理论基础上的教学法。基于项目的学习中，课堂活动的组织在知识点的联结上，可以以任务为主线。任务源于学生的学习和生活，由易到难，强调围绕明确的目标，通过实践、交流，完成相应任务，达成教学目标。任务应注重情境性、学科性、层次性和生活化。同时，需要强调学生的主动参与、独立思考、勤于动手、乐于探究、合作交流、善于总结，提倡"做中学""用中学""玩中学"，通过创设真实的教学情境和探索性问题，让学生带着真实的任务开展学习和探究。

六、学科整合，多面发展

信息技术与其他学科比较，具有较强的综合性，涉及众多的边缘学科和基础学科。小学信息技术课堂项目学习在内容和活动的编排、组织上立足学科本位，同时注重与其他课程整合，强调不同学科知识与技能、过程与方法、情感态度与价值观的相互渗透。尤其注重与美术学科、德育的整合，强调"个性塑造"和"文化内化"，使学生扩展技术应用的内涵，激发学生学习信息技术的兴趣，培养主动应用信息技术解决问题的意识。

第三节 小学信息技术课程课堂活动项目设计的方法

基于项目的学习允许学生在他们过去经验的基础上构建自己的知识，采用积极的学习行为以获得更好的记忆效果；鼓励学生尝试不同的解决问题的方法，在学习中调动不同的感官，并允许学生有多种选择；鼓励学生运用批判性思维，强调师生间的和谐平等关系。但是，任何批判性思维、创造和想象，都必须建立在足够的基本知识和技能的基础上，如果没有足够的信息基础知识，任何创造、想象、批判都将失去价值。因此，基于项目的教学还需要学生有扎实的理论基础才能进行。

一、采用模块重构，整体与局部双重把握

教师进行项目设计时，要从整体上对整个模块内容进行把握并加以统筹安排，然后再具体研究每一节课的教学目标、教学内容和教学活动，确保前一节是后一节的基础与铺垫，后一节则是前一节的继续、延伸与拓宽，从而

实现对教学目标、教学内容、教学活动的整体与局部的双重把握，保证相关内容的连贯一致，保证学生学习的循序渐进，避免单一课时的项目或主题可能造成的学习内容的彼此割裂或者简单重复。

二、回归学生生活，对教材进行二次开发

教材只是体现课程标准理论的文本。教师在实际教学设计中可以不拘泥于教材，可以根据课程教学目标在教学设计上超越具体教材，对教材进行科学、切题、有效的二次创造。可以灵活更换教材的情境，调整进度，适当增减教学内容，对部分内容进行整合等。重组教材，在不伤教材主旨、不喧宾夺主并基于学情、尊重知识的基础上，教师可以用自己的语言取代部分书本语言，可以因地制宜，充分利用身边的乡土资源二次开发教学内容，使教学更得心应手。此外，教师还可以在领会和把握教材意图的前提下，根据自身教学风格、实际教学需要和设备条件，选择、创造、生成新的课程学习资源，在教学内容、教学活动、教学方法、具体软件等方面对教材进行适当加工，合理设计课堂的学习活动和教学环节。

三、创设理想情境，激发学生的学习兴趣

情境教学法是信息技术学科常用的教学方法。情境教学法因其能创设一定的情境（故事情境、问题情境等），能有效激发学生的学习兴趣，满足其好奇的天性。理想的情境创设应该有两项功能，一是引起学生注意，二是激发学生的学习动机或学习需求。吸引学生的注意力，激发学生感官上的愉悦或惊奇，这是信息技术学科教学的关键一步，但是，仅停留于这一步是不够的，更重要的是要在此基础上激活学生的学习动机，如果能做到这一点，有质量的学习才能持续展开。当然，通过情境创设激发学生的学习动机只是"成功的一半"，要使教学真正走向成功，在后续的教学过程中必须不断维持学生的成就动机，其关键就在于让学生获得不同程度的成功体验，如任务的完成、知识的获得、教师的赞许、同学的关注等。

四、根据教学内容，选择恰当的教学方法

在信息技术教学中，同样的教学内容往往可以采用多种不同的教学方法

施教。教师可以适当尝试自己尚未使用过或使用不多的教学方法，以丰富教学过程和教学体验。一方面，对于经典的、仍具有较强生命力的传统教学方法要继承和发扬，任何一种教学方法、教学模式的选择和使用，都应该建立在深入理解其内涵的基础上，坚持科学、适度、适当的原则，避免滥用和泛化，不能"削"内容之"足"以"适"方法之"履"。譬如，"任务驱动"教学强调让学生在密切联系学习、生活和社会实际的有意义的"任务"情境中，通过完成任务来学习知识、获得技能、形成能力、内化伦理，如果简单的内容也非要设计多个"任务"来实现，就会导致任务的"庸俗化"。另一方面，信息技术教学不能一味停留于简单模仿的层面，教师需要在模仿的基础上反思，总结教学方法的优缺点，寻找教学方法、教学内容特点和自身教学风格的契合点，在反思总结的基础上尝试建构，达到对教学方法的灵活运用。

五、引导学生探究，提高课堂教学的实效

新课程提倡探究性学习方式，意味着教学要克服以往单纯依赖教师传授知识和技能的做法，重视学生在教师的引导和启发下，通过自身的探讨和研究创造性地获取知识和培养能力。为了使学生的学习具有探究性和创新性，教师在教学过程中需要加强对学生学习的引导和启发，给学生提供资源和帮助，并留下思考和想象的空间，而不是"不厌其烦地对学习者倾其所有，历数菜单，盲目地试图提高学习者操作菜单、命令、工具的水平"。同时，探究性学习并不意味着排斥一些基本知识和操作技能的讲授和训练。如果一定要将通俗易懂的基本知识和基本技能设计成探究活动，便使探究庸俗化或成为"伪探究"。因此，在实施探究活动时，时刻不要忘记的是"成本与效益永远是考察教学活动的重要指标"，要因地制宜，选择和设计好探究内容和探究形式，尤其对于信息技术课堂上的探究活动而言，一定要明确探究范围并提供适当的活动框架，以避免时间上的过度消耗和浪费，进一步提高课堂教学实效。

六、实施分层教学，关注学生的认知差异

学生的发展有共性的一面，也有个性的一面。教师在教学中既要面向

学生全体，也要关注学生个体差异。学生存在的差异主要表现在两个方面：学生起点不齐和学生的个性差异。受各种因素的影响，学生除能力水平和学习经验上的起点不齐外，还存在个性特征上的差异。即便起点相同的学生，对信息技术也有着不同的适应性和兴趣点。如何使我们的教学适应学生起点的不齐，针对客观存在的学生起点不齐和学生的个性差异，要求教师因材施教，关注学生的认知差异，满足不同学生的学习需要和兴趣，而不是教学的"一刀切"。

七、落实以评促学，发挥评价的导向功能

学习本身就是一个复杂、系统的过程，评价也是课程实施的重要环节。立足信息技术学科的特征，评价不能仅仅只关注知识的掌握程度，应该是能真实反映学生整个学习过程的多维度、多层次的评价。因此，在评价方案的制定、评价指标的设计、评价主体的回归等方面，都需要教师深入思考和科学安排，以更好地发挥评价的导向功能，更好地达到以评促学的效果。

八、着眼学生未来，深化信息素养的培养

提高学生对信息技术发展变化的适应能力，引导学生学会学习，既是当前教学的需要，也是培养信息时代公民的需要。教学实践中深化信息素养的培养要加强三个方面：第一，引导学生总结和归纳信息技术的基本特征和一般规律。例如，同一类技术或软件的共同的操作方法、技巧等的归纳和总结。第二，引导学生学会利用信息技术进行自主学习。要培养学生自主发现问题、探究问题和解决问题的意识和能力，鼓励学生敢于质疑，大胆猜想，克服思维定式和盲目崇拜，同时还要鼓励学生提出解决问题的步骤、策略与方法，克服依赖心理和惰性心理，更要引导学生从多个方向去思考和解决同一问题，防止思维的绝对化和僵硬化。例如，培养学生使用软件"帮助"和利用网络获取知识的意识和习惯，让学生在遇到问题时能够利用软件的"帮助"系统、网络搜索引擎和与网友讨论等途径来解决问题。第三，培养学生良好的信息意识和信息伦理道德。

第四节　小学信息技术课程课堂活动项目设计的策略

信息技术课堂基于项目的学习，让学生通过一系列课堂活动项目，在特定情境和主题的创设下，开展创造性学习，达到提升信息素养，培养创新能力和自主学习能力，培养计算思维的目的，为学生更好地适应社会做好准备。

一、注重行为规范，培养良好学习习惯

"良好的开端，成功的一半。"小学信息技术项目学习同样需要注意学生学习行为规范的培养，强调良好的课堂纪律、正确的坐姿、规范的操作、正确使用计算机的习惯等，且应贯穿于项目学习的始终。对于课堂的一些不良现象，教师一定要进行教育，予以正确引导，使学生懂得信息技术课堂的常规要求，如进出机房要排队，该带什么物品、不该带什么物品，使用计算机时应注意哪些问题，只有这样才能保证今后信息技术课程的正常开展。

二、回归学生生活，合理设计学习活动

基于项目的学习强调回归学生的生活世界，实质就是要求贴近学生的经验，具体体现在学习活动的设计上要努力贴近学生的学习和生活经验，唤起学生的学习愿望，并以此为出发点，更好地改造和拓展学生已有的认知结构，实现信息技术与日常生活和学习的整合。贴近学生的学习和生活经验包括两种可能：一是利用学生已有的生活和学习经验来教学；二是运用信息技术解决学生生活和学习中的实际问题。教师要提升加工教材和开发课程学习资源的能力，使教学内容具备动态性和发展性，而不是拘泥于教材。

三、课前精心预设，机智把握课堂生成

一节课必定少不了教师课前的精心预设，但如果只有预设没有生成，课程就会变得很单薄，缺少丰富和充实之感。理想的教学是师生互动展开的结果，而不是教师教学设计的结果。如果过分拘泥于预先的"筹划"，忽视突发事件，恪守教案教学，往往导致丧失有效教学的良机，或不知所措，任凭突发事件打乱课堂教学，从而使课堂教学低效、无效。有师生互动，教学过程中就可能产生"意料之外"的事件，基于项目的学习的教学过程中，更需要的是教师动态处理教学过程的智慧和艺术，能顺势而为，使突发事件成为有效学习的突破口，使探究自然发生，从而生成富有生命气息的课堂教学。因此，教师要提高自身的"创生"（创造性生成）课堂的能力。

四、强调以评促学，发挥评价导向功能

基于项目的学习的课堂评价是信息技术教学过程的重要环节，对信息技术的学习具有较强的导向作用。通过评价，能了解学生的学习状况和学生对学习内容的理解、掌握程度。在教学过程中，课堂评价应以学习目标和内容为依据，要结合实际教学情况开展评价。课堂评价要注意课程纲要提出的知识与技能、过程与方法、情感态度与价值观三个维度目标的相互渗透，强调评价的发展性功能，弱化甄别功能，要发挥评价的导向作用和评价促进发展的功能，实现评价主体与方式的多元化。

基于项目的学习应用于小学信息技术课程学习，课堂活动项目的设计不能随意选择，天马行空，必须遵循一定的原则，根据学科特点，立足实际情况，针对学习内容，尊重学习规律，科学设计，合理编排，服务并服从于教学目标，以提高课堂学习效果和品质。

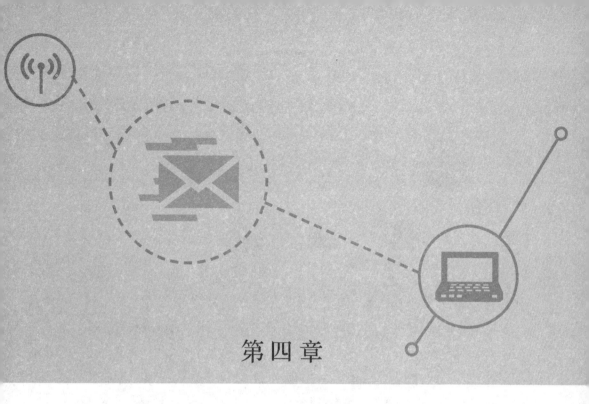

第四章

互动创生：
项目学习课堂互动的重构优化

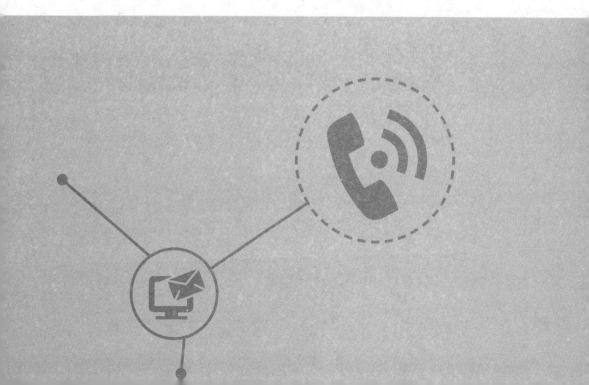

　　随着计算机网络技术的飞速发展，网络以其时空上的超越性构成了一个生态式的学习环境，为信息技术学科课堂教学提供了更为自由的开放的学习环境。笔者倡导在基于项目的学习理念下，通过改变教师和学生之间原有的"权威—依存"关系，建立平等、互促、互助、对话、交叉与融合的师生关系、生生关系、生机关系、学科关系，构建和谐的互动课堂。在建构主义学习理论和互动理论等理论的指导下，通过行动研究法，分析网络课堂中"互动"因素的构成及其相互关系，以充分发挥现代网络技术具有的交互性、可存储性、传输性以及反馈、分析、判断信息的功能，创设平等、民主、和谐、互动的教学环境，梳理和总结信息技术课堂一系列促进教师和学生在教学活动中互动的教学策略，进而构建和谐的师生互动、生生互动、人机互动的崭新信息技术课堂。

第一节　课堂互动的概述

随着课程改革的不断深入，广大教育工作者正在积极致力于研究探索如何更好地落实新课程标准，如何让学生更好地学习和发展，反映在课堂教学中主要是研究哪种教学模式、教学方法更有利于提高学生的素质，这无疑是有益的。但是，教学活动的真正主动权是应该由教师掌握，还是还给学生这一问题，却是许多人一直在回避的，也有人认为教师的主导作用决定了教师在教学活动中的支配地位。是否真的如此呢？我们感到，只要教师切实掌握了课程改革理念，掌握了新课程标准，准确把握了教材和学生，是完全可以把教学活动的主动权放给学生的。也只有这样，才能有效发挥学生的主体性，真正让学生在自主、愉悦的氛围中发展、创新。

《基础教育课程改革纲要（试行）》明确提出，"大力推进信息技术在教学过程中的普遍应用""促进信息技术与学科课程的整合，逐步实现教学内容的呈现方式、学生的学习方式和师生互动方式的变革""充分发挥信息技术的优势，为学生的学习和发展提供丰富多彩的教育环境和有力的学习工具"。按照新课标的教学要求，课堂教学应突出学生的主体地位，倡导学生体验参与，实现教与学方式的根本变革。教学互动就是强调在教学中不仅教师要动，更主要的是让学生去动。采用"互动"教学能充分体现新课标的精神。

一、何为"互动"

课堂互动是指教学活动中以学生与学生之间、教师与学生之间的互相启发、互相促进为主要的学习方式，是以和谐教育思想为指导，充分利用各种跟学习有关而又能相互作用的教学因素，促使学生主动地学习与发展，进而达到高质高效的教学效果。教与学过程的多元性具有多向性、相互性、自主性特征，包括人与人（师与生、生与生）、人与机（计算机等媒体）、人与文本（教材）、人与环境（资源、课堂、校园、社会）等多种教与学的关系的全方位互动。

二、互动型课堂

"互动型课堂"是指以交流为主的课堂模式。具体地说是教师在宏观上驾驭课堂，学生在微观上主宰课堂的一种理想的教学组织形式，它强调学生学习的高度自主权与教师组织教学的高超驾驭能力的和谐统一；强调学生全体的发展目标与个体个性发展的完美组合。

在教师的指导下，学生作为学习的主体，通过生生互动、师生互动、生机互动，进行自主式学习。在这种学习体系中，学生是学习的主体，网络化的知识体系是学习客体，教师是指导者、协助者，计算机网络是载体和手段。

根据不断深入地研究和探讨，我们认为"互动课堂"还应包括以下三个层次。

1. 双向主动

教师的主动在于对学生的组织、引导和促进；学生的主动在于对教师回应、自发和质疑。

2. 双向能动

师生双方在教学中都应充分发挥自身的主观能动性并对对方的主观能动

性给予积极的回应和促进，从而使学习情境优质化，学习方法多样化，学习效果最佳化。

3. 多向促动

教师的激情、引思、导学对学生是一种促动，使学生积极思维、深化理解和灵活运用；学生的自发和质疑亦对教师构成促动和挑战，从而促使教师进一步钻研专业理论，探索教育规律，提高教学效益和教学水平。同时，学生与学生之间也相互启发，相互补充，相互扶持，实现共同进步。

三、互动课堂的特征

在网络环境中实施互动教学是一个动态的过程，它贯穿于学生整个学习过程中，学生要进行学习活动必须在网络学习情境中不断进行相互交流与信息交换。在网络环境下实施互动教学的特点和优点主要表现在以下方面。

（1）从教学内容来看，网络中的教育信息是无限丰富的，学生完全可以根据个人的兴趣和爱好或需要选取知识和信息，学生与教师对于教育资源拥有平等的获取权，学生不再被动地接受教师单向灌输的知识内容，而是主动地选择与研究，这就充分地调动了学生探索、学习、分析、解决问题的主动意识，最大程度地发掘出个人的学习潜力。

（2）从教学的时间和空间来看，网络环境下互动教学不受时间空间的局限，交互活动具有间接性、隐蔽性，与他人的交互活动多数是通过一机一人的方式发生的，交流过程中不受情感因素的影响，往往通过文字、声音、图像、图表等符号实现，不同于传统课堂中用语言、动作、表情的直接交互活动。

（3）从教学过程和教学效果的角度来看，互动教学更容易实现师生和学生之间的即时交流、即时反馈，教师既可以对群体进行教学，也可以对个人进行教学，在教学过程中能够突出学生为主体的教育理念，真正做到因材施教。

（4）从师生关系来看，既可以是一对一，即个别辅导、个别教学的形式，同时也可以是一对多，即一位教师同时对许多学生授课，还可以多对一，即在线学生同时求助于多位教师指导。这种多样化的对应关系，为学生自主地选择不同的、适合自己学习特点的辅导提供了可能性。

（5）从教学手段来看，网络环境下的互动课题主要体现在师生互动—生生互动—人机互动等方面，在网络环境下可采用视频、音频并用技术，教师可将抽象、深奥的知识通过各种形式，生动形象地呈现于学生面前，便于学生掌握，大大提高了学习效率，减轻了师生的负担。

（6）从教学结构看，作为信息时代的教学媒体，网络技术所具有的集成性、交互性、可控制、信息空间立体化和非线性化等特点使其与黑板、粉笔、挂图等传统媒体有着质的区别。网络技术与互动教学特有的优点不仅改变了教学手段，同时也促使教学结构产生新的变革。表4-1为传统教学结构与新型教学结构的对比。

表4-1　传统教学结构与新型教学结构的对比

教学结构	教师的作用	学生的地位	教学内容	教学方法与教学手段	媒体的作用
传统教学结构	教师为中心	被动接受	教材	传递或者灌输讲授、板书以及教学辅导	传递或者灌输的工具
新型教学结构	教师起引导作用	主体	教学资源	信息加工，知识建构，多种教学模式与多种信息工具	认知工具与情感激励工具

四、课堂中互动教学的支持因素

课堂言语活动中，不只有信息的交流，也有情感的交流。情感交流直接影响着学生的学习动机，动机能否被激发，又直接影响到师生的言语交往、情感互动。因而，在课堂情境下，互动教学得以生成的主要支持因素有言语、情感、动机三个方面。它们是互动教学赖以发生发展的条件系统。

1. 言语是教学产生交互作用的主要媒介

言语交流就是运用语言文字表情达意，使思维成果外化。教师的言语魅力是课堂得以诗意化的基础，没有言语活动的支持，教学活动就不可能形成互动的机制。传统教学中，"言语行为是课堂中主要的教学行为，占所有的教学行为的百分之八十左右"。教师在言语活动中居于话语权的核心地位，通过明文规定的形式对班级进行显性控制，宁愿让课堂死气沉沉，也不让学生进行言语对话，学生在课堂中完全丧失了话语权力，不能表达自己真实的思想，成了教学活动中的"哑巴道具"。

2. 情感是影响学习行为与效果的重要因素

情感是人们对现实世界各种事物所抱的不同态度和不同体验，它是影响学习者学习行为和效果的重要因素。事实上，人的各种实践活动并不单纯受理性和意志的支配和调节，同时要受到情感的驱使，脱离情感的认识与实践是不存在的。互动教学作为一种认识与实践活动，不能缺少情感的参与和相融。因为认知的目的不是停留在知道客体是什么，而是要将这种知识内化到主体自身的知识结构和情感体系之中，只有成为主体自身的价值、态度、信念的知识，才能达到安顿自身情感的目的，也才是主体的真正知识。从此意义上讲，教学首先是一种心灵交流和精神成长的过程，然后才是一种启发心智和传授知识的过程。

3. 学习动机决定学习态度和影响学习效果

学习动机是学生在学习活动中的一种自觉能动的、积极的心理状态，它是学生学习的内在动力系统，一般表现为渴求学习的强烈愿望、浓厚的求知欲、认识世界的兴趣、探究事物的好奇心、主动认真的学习态度等。学习动机是一种非智力因素，它不直接决定个体的学业成就水平，但它能通过影响学生的学习兴趣、学习态度等而间接影响学习效果。在一定的限度内，学习动机的强度越大，对人的学习热情与意志的推力也就越大。

要实现课堂的实质性互动，就必须激活其支持因素，并处理好它们之间的相互关系。特别是要准确理解和把握言语、情感、动机三个因素在互动教学理念下的含义，使教学达到多元互动、自由交往的状态，成为一种知识生成和人格建构的过程。学生主动学习、积极思考，不断进步与发展，教师也不断得到充实、丰富与提高，使教学双方处于一个和谐共进的统一体之中。

第二节　互动理论的相关学术思想

我们借鉴了建构主义学习理论、美国加德纳的多元智能理论、美国罗杰斯的人本化教育思想以及人本主义教育理论、英国布莱克利奇等人的师生互动模式等指导我们开展项目学习的课堂互动研究。

一、建构主义学习理论

20世纪90年代，随着多媒体技术和Internet应用的日益普及，建构主义理论备受关注，真正对教学产生了变革性影响。建构主义学习理论认为，知识不是通过教师传授得到，而是学习者在一定的情境及社会文化背景下，借助他人（包括教师和学习伙伴）的帮助，利用必要的学习资料，通过建构意义的方式而获得。它提倡在教师的指导下以学习者为中心，教师是意义建构的帮助者、促进者，而不是知识的传授者与灌输者；学生是信息加工的主体，是意义的主动建构者，而不是外部刺激的被动接受者和被灌输对象。

建构主义的一个流派——社会建构主义认为，每个人都在以自己的经验为背景建构对事物的理解，因此只能理解到事物的不同方面。教学要使学生超越自己的认识，在社会交往中看到那些与自己不同的理解，看到事物的不同侧面，从而形成更加丰富的理解，以利于学习的广泛迁移。尤其是学生在与比自己水平稍高的交往对象的交往中，有利于将潜在的发展转化为现实的发展，并创造更大的发展可能。

任何学习都依赖于学习者认知的发展，而认知发展却来源于学习过程中的互动，教与学的互动是教育的本质的特征，教师和学生是教学过程中的主体，学生是一个积极的探索者，教师的作用是创设一种学生能够独立探究的情境，而不是提供现成的知识。只有通过互动，让学生积极地参与到学习的过程中来，成为主动的、积极的知识探索者。由于建构主义所要求的学习环境得到了信息技术成果的强有力支持，从而成为国内外学校深化教学改革的指导思想，通过互动，使学生自主地探求知识，自由地进行思考和创造，培养学生的独立性、自主性和开放性。这些观点正好与多媒体的网络教学模式研究的教学不谋而合。

建构主义教学与学习理论、教育的本质特征——互动及其对信息的依赖，成为网络环境下互动课堂研究的重要理论基础。

二、美国心理学家霍华德·加德纳的多元智能理论

加德纳的多元智能理论认为，人具有八种基本智能：语言智能、数学逻辑智能、音乐智能、视觉空间智能、身体运动智能、人际交往智能、自我认识智能、自然观察智能。有效的课堂教学应该创设有利的条件，让学生的这些智能得到充分的发展。

三、美国教育家罗杰斯的人本化教育思想

罗斯杰认为，教学中学生的学习行为应包括四个要素：①学习具有个人参与的性质；②学习是自我发起的；③学习是渗透性的；④学习是学生自我评价性的。提倡学习的自由，这是主体参与的最高境界。

四、人本主义教育理论

主体参与的内涵是学生作为学习和发展的主体要积极、主动、创造性地

参与学习活动，以实现自身的发展，使自己成为具有主体意识与能力的一代新人。它是激发学生学习积极性、建构学生主体地位的第一原则。主体参与是主体教育思想的核心，是主体教育实验的灵魂。

五、布莱克利奇师生互动模式

师生互动模式运用自我概念、认识、解释、磋商等，对课堂中师生互动何以发展、师生互动中的角色与地位给予了较好的解释：第一，互动教学研究应当以具体的互动行为作为研究对象，并关注真实情境中的师生行为的策略与方法，以此为基础，探询互动教学的规律；第二，师生双方在互动的过程中，其背景和认识对于互动的方式起着重要的作用，仅仅只是对互动策略形式的探讨，忽略其背后的真实背景与原因，并不会真正解决问题；第三，师生在课堂中冲突是难免的，解决冲突意味着互动双方的磋商，即师生双方互动策略的维持、矫正或改变。

第三节 项目学习中课堂互动的有效实施

在项目学习下，实施互动教学的过程中，教师和学生的角色都具有新的特点，教学内容的呈现方式、学生的学习方式、教师的教学方式都要发生较大的变化，下面就互动式教学模式的实施类型、实施方式、教学策略等方面加以论述。

一、互动的类型

根据活动对象不同，可分为学生与学习媒体资源的互动、学生与学生和学生与教师之间的互动活动。

1. 学生与学习媒体资源的互动活动

学习者借助计算机，利用各种网络资源，通过网络查询、网页浏览、下载等方式进行学习的互动活动。在这种互动活动模式下，学生可以自己安排时间，选择合适的地点，按自己的需要进行学习，有利于学生认知主体作用的发挥，这种互动活动方式适用于学生个体进行自主探究性学习。

2. 学生与学生之间的互动活动

发生在多个学生之间的互动交流活动，学生可以利用电子白板系统进行交互学习，教师开辟几个类似于"聊天室"或"论坛"的栏目，拟出主题，学生共同讨论学习，使学生之间能够便捷又自由地进行实时交互性的"直接对话"，实现多元多向、互动和即时评价与反馈，这是在合作学习中常用的一种互动活动方式。

3. 学生与教师之间的互动活动

学生与教师之间的互动包括教师与单个学生之间的互动，以及教师与群体学生之间的互动。前者适用于个别辅导，学生在学习中遇到困难，向教师提出，教师就相关问题予以回答。后者常用于讲授型模式教学中，教师通过交互界面向许多学生提出同一问题，通过交流空间进行讨论与协商，最后取得一致意见。

二、项目学习下课堂互动实施的策略

在课题的实施过程中，立足学校和学生实际，我们提出了如何运用有效的、利于学生互动的教学策略、教学方法，创设平等、民主、和谐、互动的教学环境，推进信息技术与学科课程的整合。

1. 运用多媒体网络创设情境，激发学生自主学习兴趣

兴趣是指学生学习过程中力求探究知识和技能、带有强烈愉悦情绪色彩的认识倾向。它可以成为学习动机中最现实、最活跃的因素。只要认真去研究、敏锐地捕捉，就会拥有多种激发学习兴趣的手段和方法。运用多媒体网络技术把文字、图片、声音、音乐、动画、视频等多媒体手段结合起来制作成学科网站，能将学生在生活中不常见的、看不到的事物与景象，形象生动地展现在学生面前，把学生的眼、耳、脑等器官都调动起来，使学习内容变得生动有趣，容易记忆、理解和掌握，使学生仿佛身临其境，一下子扣住学生的心弦，使他们的思维、兴趣集中到所设置的情境中去，极大地调动了学生的参与和学习兴趣，收到了良好的教学效果。从心理学角度说，只有当学生对所学的课程产生兴趣，才会积极主动地从事自己的活动，甚至能克服种种障碍，完成学习任务。运用多媒体网络资源能创设情境，激情、激趣、激励，从而引导学生自主提问，自主学习。

2. 利用学科网站的非线性和结构灵活性，为学生创建自主选择探索形式的机会

教师提供了丰富的素材后，学生就可进入网站进行自主探究和实践操作。此过程学生可根据自己的情况安排学习内容的先后顺序，选择自己喜欢的学习方式。例如，学生可以自己独立学习，也可以与同学互动合作、与老师互动交流……他们对相关的站点和学习素材进行访问，了解有关知识，完成学习任务。教师真正把学习的主动权还给学生，进一步激发学生的学习兴趣。只要为学生的学习创设了独立思考、独立探索的空间和时间，大部分学生是完全可以自己获取知识、自己质疑并解疑的。

教师应成为学生学习的指导者，为学生提供适当的帮助和指导，对学生的学习情况进行协调，对学生遇到的个别问题进行个别解决，促进学生的学习进程。

3. 利用网络的交互性，创设自主探究、交流与协作解决问题的环境

在基于网络的探究课教学中，学生的网上探究与互动交流是关键环节，教师的指导与组织作用在此应充分体现。学生在网络中阅读相关信息，从问题的不同侧面入手，展开自主探究。同时学生可通过网上的多元互动交流，了解伙伴和其他协作者的观点，从而形成更有效、更丰富的理解，以利于学习的广泛迁移。学生在与比自己水平稍高的交往对象的交往中，有利于将潜在的发展转化为现实的发展，并创造更大的发展可能。

4. 实施网络教学，让学生在互动交往中学习

合作学习开辟了现代教学研究的新领域，发展了现代教学互动理论，创新了小组教学形式，凸显了课堂教学的情意功能。同时，在信息技术高速发展的今天，网络顺应了时代的要求，并以其丰富性、开放性、交互性、虚拟性、多样性、实时性等特点，为学生开辟了广阔而自由的学习环境，提供了丰富的教育资源，拓延了多维的教学时空，也为培养学生的自主学习、合作交流、创新精神与信息素养等全面素质提供了有效平台。

在网络环境下，学生可以通过网页浏览器、BBS论坛、实时聊天软件、电子邮件等互动工具获取问题的答案，还可以利用Word文字处理、Powerpoint幻灯制作、Excel电子图表、网页制作技术等技术手段收集并整理信息，最终将信息以多种媒介方式表达出来，以展现自己的学习成果。利用多媒体网络教室的在线交谈功能或者是虚拟网上BBS论坛等网络技术手段，学生之间的互助交流就可以实现了。以论坛为例，学生可以在教师的组织下积极地参与交流，并通过在论坛上发表帖子来表达自己的观点。每个学生的发言随时都可以被所有参与合作学习的同学以及教师浏览到，每个学生都可以利用网页浏览并参与讨论。

在目前硬件条件逐步完善的情况下，信息技术教师应进一步发挥网络环境的优势，一方面组织多媒体网络环境的教学，通过适当的演示与引导，突出重点并解决难点，针对小组进行辅导，鼓励学生发表自己的观点与结论；另一方面利用网络资源的共享性，让学生熟练使用互联网的常用功能，善于收集信息与整理信息，同样也可以利用即时通信软件、论坛等组织学生及时进行信息交流，发现新问题，展示新方法，激励学生敢于创新与交流。

教师可以在网络教学平台上向学生发布合作学习的任务，此后学生可以上网查找并整理资料，带着自己在合作学习中的成果以及所遇到的一些问题同教师交流。传统教学中的关注中心往往只是教师以及少数几位学习较为积极的学生；而网络教学中，每位学生都可以凭借网络技术有效地参与学习，可以实现师生、生生互动。这样的教学就将学生从部分参与变成全体参与，缓进生和学困生在课后通过校园局域网或互联网，不仅可以获得教师的教案，还可以获得网络中更多的相关学习资源，获得对同一内容进行多次学习和反复学习的机会。

网络环境下的教学与传统教学模式相比，更有利于培养学生形成合作学习方式。网络为学生提供了一个能使学习过程变得生动而丰富的环境。信息技术教师更应该将网络作为教学平台，将计算机构建的互动程序和管理程序作为主要框架，将开发利用在线资源和下载网络资源作为教材的重要补充，以培养学生自主选择、探索创新、互动合作的学习能力和学习品质。

5. 利用网络的可存储性和传输性，为学生提供展示学习成果的舞台

在学习成果的交流与展示中，激发其思维的火花，开启其知识的大门。利用多媒体展示学习成果往往具有信息量大，生动、形象、直观，便于理解等特点。学生学习成果中可配有图片或音乐。学生的学习告一段落后，教师可鼓励学生根据自己完成学习任务的情况，选出自己认为最优秀的学习过程和学习成果，以板报、网页、演示文稿、绘画等形式向全班同学进行展示，教师利用网络的传输性和可存储性的功能，使全班同学都能快速、详细地看到同学展示的情况。

6. 利用网络具有的反馈、分析、判断信息功能，及时归纳和检测

为了检测学生是否真正掌握了本课的学习内容，教师可为学生提供检测题。利用多媒体网络具有反馈、分析、判断信息的功能，教师可及时对学生的答题情况进行监控。当发现问题时，教师可及时对学生进行纠正，并加以总结。

7. 利用网络数据库的统计分析功能，开展多元、多维的有效互动评价

建构主义重视个性发展，提倡多情境解决问题，主张发散性思维的培养。以往传统教学的评价参照标准比较单一，往往只依据考试成绩的高低，操作技能的熟练程度，却无视不同学生各异的特质、情感和学习风格，无形之中扼杀了学生个性的发展。网络顺应了个性发展的需要，为自主学习创造了良好的环境。在网络教学中，可以利用网络对评价对象进行多维度、多层次的评价，提高评价的说服力。评价中重视学生综合能力和整体素质的发展，科学地、理性地、全面地对学生进行评价，从知识、能力、品质、态度等多项指标去衡量每一名学生。运用更具个性发展的评价策略，激发学生潜意识中的学习兴趣，充分发挥他们的积极性、主动性和创造性，使众多学生融于网络学习这个大环境中。网络技术、通信技术和多媒体技术的不断发展，已经丰富了网络教学的评价手段，具有多项测评功能的评价系统的实现已不再是梦想。自评、小组评价和教师评价信息都可通过网络技术和数据库技术，进行传达和接受。

三、项目学习中互动教学的实施方式

按照参与互动活动的人数不同，活动方式可分为一对一、一对多、自主式的交流互动。

1. 一对一互动活动模式

一对一互动活动模式即在网络学习中，通过计算机工具的支持，实现一对一的交流活动。在学习过程中，学生可以凭着自己的兴趣和能力，随时进入某一"在线课堂"，当学生认为已经学会某一课（或某一内容），可以自己直接进入下一课（或下一内容）的学习，当学生觉得尚未理解，难以掌握，可以求助于教师或其他同学，或返回前面进行学习。

2. 一对多互动活动模式

教师通过网络讲授某一内容，学生借助网络进行学习，共同讨论。教师对学生的学习适时地进行解答、评价、指正、表扬、辅导，从而实现因材施教和个性化学习，充分体现"以学生为中心，以学生发展为中心"的理念，从而使教与学不断转换和整合，个性化学习和合作学习互相配合。

3. 自主式互动活动模式

自主式互动活动模式指学生借助计算机从在线资源库、校园网中获取信息资源的方法。在这种活动模式中，以学生自主活动为主，学生根据学习的需要上网查询，可让学生多动手，多动脑，让学生在实际操作中，由被动的学习逐渐转化为主动的学习，同时也可以提高学生"查询、获取、整理、处理、存储以及表达信息"的能力。

四、小学信息技术课堂互动教学的案例分析

在小学信息技术课堂中，基于项目的学习的课堂互动旨在使教学双方主动地发挥自身主观能动性，并主动激发对方主观能动性，从而达到相互促动、教学相长、和谐发展。在教学的互动中，学生不断地改造、进化和发展，教师不断得到充实、丰富和提高，师生共处一个和谐、共进的学习共同体之中。

1. 师生在情境中互动，构建民主平等的师生关系

建立和谐的师生关系，是调动学生积极参与学习的动力源之一。如果没有宽松和谐的氛围，学生的自主性就难以发挥，而没有自主性就不可能有创造性行为。如果学生在紧张和不安中接受知识，他们的思维火花就难以迸发出来。因此，民主、平等的师生关系是营造教学互动氛围的前提。解放长期以来束缚于课堂教学中的所谓的"纪律准绳"，优化互动情境，让教学情境中的师、生、境诸因素产生互动，从而营造轻松愉快、生动活泼的互动氛围。

教师在教学过程中应努力建立一种相互平等、相互尊重、相互信任的师生关系，形成民主、和谐的教学气氛，使学生能在一个欢乐、和谐、宽松的支持性环境中学习。而优化互动情境，促进师生互动，反过来又有助于良好的师生关系的形成。

【案例1】

在参与广州市教育局教研室开展的"送教下乡"活动中，我有幸到增城区富鹏小学进行送教，并执教了公开课"图形的复制与编辑"。因为这是一节异地教学课，我并不了解授课学生的实际情况，课前也没有跟学生进行长时间的交流。为了建立良好的师生关系，营造良好的课堂气氛，我设计了"摘荔枝"的情境，并以此情境贯穿于整节课：

（1）同学们，老师早就听说过增城有一种闻名中外的水果，你能告诉老师是什么吗？

（学生因为听到"荔枝"这个耳熟能详的名字，瞬间兴奋了起来）

（2）对，就是荔枝！这节课就让我们先来模拟实践，由同学们带着我这个来自广州的老师到荔枝园里摘荔枝，好吗？

（"摘荔枝"马上把我与学生的距离拉近了，把学生当作"主人"，教师作为"客人"，更增加了学生的亲切感）

（3）你们想不想摘到好多好多的荔枝？不过在摘荔枝前我们必须得学会一些本领。

（教师的话激发了学生的学习热情）

（4）这个本领就是"图形的复制与粘贴"。

（开门见山，揭示课题）

（5）引导自学，出示两棵荔枝树图（一棵荔枝树上只有一串荔枝，一棵荔枝树上挂满了又红又大的荔枝），让学生对比。用什么方法可以使荔枝树挂满荔枝？请学生们自学课本第55页步骤2至步骤4，阅读书中有关图形复制的相关步骤，然后尝试操作。

（6）交流汇报，适时点拨，并出示操作步骤。然后教师总结操作步骤。

（7）教师引导：一棵荔枝树不可能出现两串同样形状、同样大小的荔枝，因此我们还可以对图形进行一定的编辑，进而向学生讲授画图中翻转和旋转的功能。

（8）综合练习：让学生运用今天所学的知识，把荔枝园里的荔枝树变得果实累累。

【案例2】

课题能否成功导入，直接影响着一节课的效果，这就要求引入课题时力求采用学生们最感兴趣的事物来引导他们。例如，我在执教"鼠标的认识"一课时，设计了以下情境：

（1）同学们见过老鼠吗？那么老鼠长什么样呢？

（2）我们喜爱的电脑也有一样东西很像老鼠，你知道是什么吗？

（通过老鼠这种学生熟悉的小动物来引入本节课的教学内容，能激发学生的好奇感和求知欲）

（3）对，就是鼠标。鼠标的外形像一只老鼠，后面还有一个长长细细的尾巴，所以我们形象地把它称为鼠标。电脑的鼠标可没有老鼠可怕，它还可以为我们做很多很多的事情呢！你知道鼠标可以为我们做些什么吗？

（学生七嘴八舌地根据自己的认识说起鼠标的作用，教师点名让几位学生说说他们对鼠标的认识）

（4）对，鼠标的作用非常非常大，今天就让老师和同学们一起来认识鼠标。可能有很多同学对鼠标有一定的认识，不要紧，今天我们对鼠标来一个深入的认识，好吗？

【案例分析】

以上两个案例，师生在互动的情境中，既有信息的传递，又有情感的交流，更有思维的培养，师生完全处于一种平等的状态之中。通过情境的创设，教师辅以语言的描绘和引导，将学生自然而然地引入所要学习的教学内容中，并使其充满了学习的欲望和激情，既让学生有了知识上的收获，更重要的是师生在交流中产生的欢乐，满足了师生情感的需要，使师生沉浸于和谐的氛围中，沐浴在人性的光辉里，彼此感受到相互沟通的快乐，感受到心灵契合的愉悦，能给人以自我肯定、自我尊重的内心体验。有了这种体验，以后学生的学习会更主动，兴趣会更浓厚。

2. 生生在情境中互动，形成交流合作的良好气氛

当今科学的发展日益综合化，集体的创造取代了手工式的个人创造。合作学习是建构主义提倡的、以多人为单位进行学习的一种学习方式，即将学生分成小组，大家完成共同的任务，组内成员有明确分工的互动学习。师生之间可以相互学习，学生之间也可以相互合作、相互探讨、相互切磋。学生在合作学习的过程中，通过相互交流，共享信息资源，共同担负学习责任，完成学习任务，不仅学到了知识，更增进了友谊。因此，在教学中，应十分重视学生之间在情境中产生的生生互动，形成相互交流、相互合作、相互补充、相互帮助的良好学习气氛。

在每接受一个班的信息技术课教学的时候，我都会向班主任详细了解学生的情况，并根据学生能力倾向、智力水平和兴趣爱好等的不同，在尊重学生意愿的基础上，对全班学生进行异质分组，使同一小组的每个成员之间在水平上有一定的差异，从而能在小组互动中获得相互支持和积极的情感体验。

【案例3】

"网上搜索、保存信息"一课的讲授中，在讲授完如何运用搜索引擎查找相关的资料后，为进一步巩固学生对新知识的掌握，我设计了以下练习课。

（1）设计一个情境——去郊外春游。

（2）给出题目"设计自己小组的出游计划"（包括时间、地点、交通、景点介绍）。

（3）以小组为单位开展活动，小组成员开始在网上搜索景点，并相互交换资料。

（4）在搜索的过程中，教师对学生进行指导，帮助学生解决在搜索过程中遇到的问题。

（5）在小组内当某主题形成足够人数后，彼此间开始讨论并拟订实施计划，整理资料。

（6）最后小组成员将设计的方案用"金山文字"制作出来，并展示给大家，促进学生间的交流。

【案例分析】

本课通过设置一个贴近学生生活的情境，让学生通过解决实际问题来学习、巩固简单的搜索信息和处理信息的操作。在这个过程中，学生通过分工合作共同完成一个课题，同时教师也在学生学习过程中提供必要的指导和帮助。在这样的学习过程中，学生不仅在实践中学习了知识，锻炼了动手能力，还培养了相互倾听、相互协作、相互交流的能力。把知识学习的过程设计在现实生活情境中，还可以激发学生的学习兴趣和动机。在情境中，每一位学生相互合作，无拘无束地学习，几乎达到了忘我的境界。通过合作，彼此间的体验得到了交流，良好的合作氛围在无形中营造起来了。

3. 充分利用网络交流的优势，实现有效的人机互动

当代心理学研究表明，当孩子学会走路后，他就想自己处理事情，这时他们的玩耍不是随意的，而是获得信息、发展智力的过程。当孩子大脑中储存的信息越多，他将来的智力水平也就可能越高。我们不可能要求每一个上美术课的孩子都成为画家，每一个用电脑的孩子都成为计算机专家，但是我们应该培养他们运用信息技术提高自我学习的能力。在人机交互的计算机网络环境中学习，是学生与信息技术媒体互动的主要体现。

《中小学信息技术课程指导纲要》指出："中小学信息技术课程的主要任务是培养学生对信息技术的兴趣和意识，让学生了解和掌握信息技术基本知识和技能，了解信息技术的发展及其应用对人类日常生活和科学技术的深刻影响。通过信息技术课程使学生具有获取信息、传输信息、处理信息和应用信息的能力，教育学生正确认识和理解与信息技术相关的文化、伦理和社会等问题，负责任地使用信息技术；培养学生良好的信息素养，把信息技术作为支持终身学习和合作学习的手段，为适应信息社会的学习、工作和生活打下必要的基础。"摆在教师面前的问题是，对这样一门没有固定教学模式的新兴课程怎样完成这一教学任务从而实现我们的教育目标？我认为十分重要的一点是：让学生与计算机互动，在"玩"中学习。各种益智类游戏、交互式的教学软件以及多媒体教学网络的使用，都为人机互动创设了很好的条件。

【案例4】

在"制作简单小板报"一课的教学中，根据现代网络技术具有的交互性、可存储性、传输性以及反馈、分析、判断信息的功能，我使用基于网络环境下的评价系统对学生的表现和作品做了一个全面合理的评价，并设计课堂评价操作步骤为：呈现评价指标→学生自我评价→小组交流评价→学生反思总结→网上交流→表现性自评→评价信息反馈→教师评价。教师根据本课的教学目标和学生发展性评价策略做出以下设计。

（1）根据新课程理论的三维目标中的知识与技能和建构主义理论，教师制定本节课的学习成绩评价标准并进行量化，通过网络向学生进行呈现，使学生明确评价的目的，初步产生评价意识。

（2）学生形成作品后，进行初步的评价。通过网络小组交流作品，并通过学生自评、组内自评，选出最优秀的作品，然后教师点评。

（3）在初步评价后，学生进行自我反思、总结，并通过BBS、聊天室等形式对学习内容进行探讨，发表自己的意见，充分发挥网络评价的交流性。

（4）为了全面客观地评价每一位学生，教师根据多元智能理论，制定多维度、多层次的学习表现评价标准，使评价不仅仅关注学生的学业成绩，更关注学生的学习过程以及多种能力的发展。

（5）利用网络服务器收集学生的评价信息，进行分析、整理、总结，并及时反馈学生小结课堂的自我表现和教师总结课堂教学的情况。

【案例分析】

本节课立足小学信息技术学科评价的要求，提出利用网络技术开展主题作品评价，来解决困扰实际教学的评价工作过于烦琐的问题，发展了学生的评价水平，有效地实现了"人机互动"，达到"以评促学"的效果。

4. 善用读书指导法，促进学生与文本间的互动

指导学生阅读信息技术教科书、网上的教程、程序软件的帮助功能，是学生获取知识的一种教学方法，也是培养学生自学能力的一种好方法，更是促进学生与文本互动的一种途径。学生掌握书本知识，固然有赖于教师的讲授，但还必须依靠他们自己去阅读、领会，才能消化、巩固和扩大知识。只有通过独立阅读才能掌握读书的方法，提高自学能力，养成良好的读书习惯。

【案例5】

鼠标的操作是Windows操作的基础，单纯练习鼠标的操作是枯燥无味的。所以，我特别安排了一节练习课"纸牌游戏"，并设计了以下教学环节：

（1）谈话导入：这节课老师和同学们一起来玩电脑游戏好吗？这个游戏叫作"纸牌游戏"。

（话音刚落，教室一片欢腾）

（2）教师继续说：怎么启动纸牌游戏，怎么玩，书中自有分晓。老师相信这些都难不倒聪明的同学们。

（兴趣是最好的老师，加上教师的鼓励，学生两人一组，边看书边操作边研究，紧张地忙碌起来）

（3）很快，不少学生成功地启动了纸牌游戏，我请他们上来演示。除了书上所讲的双击图标的方法外，学生还创造性地找到了其他方法。例如，单击鼠标左键选定再敲击回车键；单击鼠标右键，再用鼠标左键单击弹出菜单中的"打开"命令。在表扬那些找到新方法的学生的同时，我请全班学生一起试试这些方法，体会什么是"条条大路通罗马"。

（4）之后，我又问：纸牌背面的图案还能变成"机器人"，方法就是……"我会，让我们自己来。"尝到甜头的学生赶紧阻止我。不一会儿，各种图案的纸牌出现了，真是五彩缤纷。在巡视的过程中，我发现有的学生看起了纸牌的"帮助"功能，于是便在全班说："有的同学发现了纸牌自带的'帮助'对纸牌游戏的讲解比书上更详细，真是有心人！好东西大家分享，马上请这些同学向全体同学推而广之吧！"

（5）"老师，您看，我成功了！"一个惊喜声打破了课堂的沉寂。我走近一看，果真，扑克牌正在屏幕上跳着梦幻般的舞蹈。看着操作成功者兴奋的脸庞，瞧瞧围观学生羡慕的神情，能者为师，马上聘请这位学生当"小老师"，向全班介绍经验，并宣布：凡是成功的学生都可以当"小老师"，学生练得更积极、更认真了！

【案例分析】

信息技术飞速发展，依靠教材和教师的传授已无法跟上信息科学发展的步伐，学生在今后信息技术的学习中需要自己通过网上自学相关的知识或通过阅读程序软件的"帮助"功能，不断进行知识的更新。在上面的案例中，我指导学生自学教材，并在发现学生阅读纸牌游戏自带的"帮助"功能后推而广之，有效地促进了学生与文本间的互动，为学生提供了一种学习知识的新方法。

5. 在情境中人境互动，实现人境融合的理想境界

师生互动、生生互动，对营造良好的学习氛围至关重要，同时人境之间的互动也应该重视。因为当学生和教师一同创设并成为情境的一部分，在其中思考、活动达到忘我状态时，便进入一种人境融合的理想境界。学生与环境的互动，能使学生与环境进行交互作用，让环境的潜能现实化，让学生的潜能被激发。

教师创设与当前学习主题相关的、尽可能真实的学习情境，引导学生带着真实的"任务"进入学习情境，能使学习更直观化、形象化。例如，在讲授搜索引擎的使用时，如果我根据教材呈现的顺序讲授搜索引擎的使用方法，是比较乏味的，学生容易走神。但如果像案例3一样设置一个与学生生活密切相关的学习情境，使学生自始至终都沉浸在活动情境当中，目标明确，学习有趣，还怕学生学不会搜索引擎的使用吗？在"设计自己小组的出游计划"的情境中，学生与情境产生互动，使人融入情境之中，情境也因学生的加入而变活了。学生全身心的投入，使情境成了激发学生表现欲和创新思维的最佳土壤。

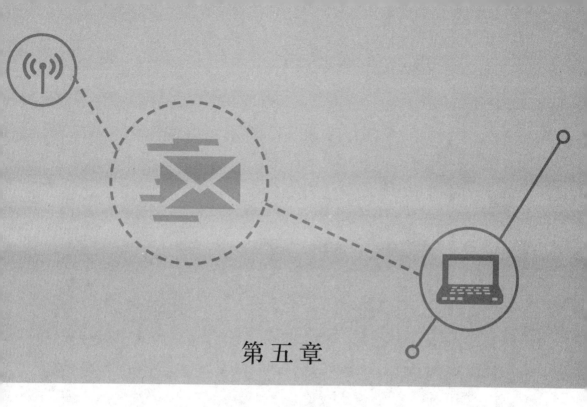

第五章

求知求索:
项目学习探究活动的科学组织

　　进入21世纪，飞速发展的社会对个体提出了更新的挑战，使人们认识到知识与能力必须协同发展，因此探究性学习的研究纳入了教育工作者的研究视野，并走向教学改革的实践。目前，我国教学改革的一个重要而具体的目标就是要改变至今仍普遍存在的学生被动接受、大量反复操练的学习方式，倡导学生主动参与的探究性学习。我把基于项目的学习理念融入信息技术学科教学，而探究性学习作为项目学习的重要环节，打破了传统的教学模式，以学生为中心，引导学生围绕问题、主题、情境或项目展开探究活动，鼓励学生小组合作，创造性地解决实际问题，为培养学生的信息技术能力、创新能力、自主探究能力、合作能力、解决问题的能力提供了可操作的实践平台。

第一节　项目学习中课堂探究的概述

基于项目学习的信息技术课堂，在教学中开展探究活动符合建构理论，以学生为中心，学科交叉，协作学习，自主探究，与真实世界和生活实践相联系的学习模式。它强调让学生因有需求而学习，鼓励学生与他人合作，以信息技术为工具，探索真实世界的问题，并将研究的结果制作成作品，故其不仅能提升学生学习的动机，亦有助于培养学生主动解决问题的能力和创新思维能力，更为重要的是，培养学生掌握学习的方法——"学会学习"。

一、探究性学习的优势

与传统模式相比，基于项目的探究性学习模式的优势在于教师可以利用学生的优点开展学习活动，方便教师选择教学的起点，而传统模式中，教师往往需要挖掘学生的不足点以补充授课内容，学生学习目的在于解决实际问题。在基于项目的学习过程中，一个完整的项目是由一系列相关联的任务构成的，每完成一个任务，都需要进行评价，这样在项目的完成过程中，采用了过程性评价和终结性评价等评价方式，有利于实时指导教学，也可以把完成一个项目的过程的资料存档，如学习目的、学习活动、学习成果、学习业绩、学业进步等，整理为电子档案袋，为后继学习和评估提供参考。

显而易见，基于项目的探究性学习模式相对传统的学习模式，有着本质上的优势，能充分体现学生的中心地位，积极调动学生的学习兴趣，使学生融入情境中，容易对任务的全局进行准确地把握，培养创新能力和实际解决问题的能力。

二、项目学习中课堂探究的理论基础

1. 主体性教育理论

主体性教育理论是在吸收西方文艺复兴以来的主体性教育思想的基础上，结合中国改革开放的实际建立起来的一种时代的教育理论。主体性教育是教育者通过利用其他的教育手段、教育内容、教育方法、教育场所等，引导和启发受教育者内在的教育需求，有目的、有计划地规范和组织各种教育活动，在宽松、民主、和谐的教育环境中，不断增强受教育者的主体意识，提高其主体能力，完善其主体人格，从而把受教育者培养成自主地、能动地、创造性地进行认识和实践活动的社会主体。由此可见，主体性教育理论把教育看作是"人的主体发展的过程"，认为"主体性教育就是有目的地增强和发展人的现代性、有效性、能动性、创造性和自主性的过程"。正是由于主体性教育价值取向的出现，才引起了对教育教学方式的变革，才出现了探究性学习模式的发展。因此从这个意义上说，主体性教育是基于项目的探究性学习模式的重要教育理论基础。

2. 建构主义学习理论

建构主义是皮亚杰最早提出的。建构主义学习理论认为学习过程不是学习者被动地接受知识，而是积极地建构知识的过程学习，不只是知识由外向内的转移和传递，更是学习者主动地建构自己的知识经验的过程，即通过新经验与原有知识经验的相互作用，来充实、丰富和改造自己的知识经验。也就是说，知识是学习者在教学情境下，在已有的经验基础上，对来自外部的教学环境的主动建构的结果。

我们认为，建构主义是基于项目的探究性学习模式的主要理论基础，是因为该理论强调学习过程是学习者原有认知结构与从环境中接受的感觉信息相互作用、主动建构信息意义的生成过程，它是从学习者的角度揭示学习的发生机制的。因此，建构主义是基于项目的探究性学习模式的重要理论基础。

3. 人本主义学习理论

人本主义心理学家认为要把学生作为全面的人进行培养，即不仅要重视知识技能的学习，同时也要培养全方位人格。它以个体的积极参与和投入为特征，提出学习是个人潜能的充分发展，是人格的发展，是自我的发展，并指出学生自身具有学习的能力，只有学习符合学生自身目的时才会有意义，当学生负责任地参与学习过程时，就会促进学习，包括理智与情感的自发学习。

由此可见，人本主义强调学习要发展学生的个性，强调其全身心投入学习和自由学习，即在学习过程中，学生应整个人参与学习，它包括学生的行为、态度、人格，特别是情感都参与整个学习过程，并能因此获得发展。而基于项目的探究性学习模式强调个人的积极参与，同时采用实时网络学习平台，可以有效地构建富有人文气息的课堂氛围和探讨氛围，对于提高学生的学习效果和增强其学习主动性具有重要的意义。罗杰斯以人为本的学习理论既是我们实施基于项目的探究性学习模式的最好回答，又给我们提供了进行基于项目的探究性学习模式的方法论指导。

三、基于项目的探究性学习的基本要素

基于项目的探究性学习的基本要素，在主体性教育理论、建构主义学习理论、人本主义学习理论的指导下，综合考虑探究性学习的要素分析和基于项目的学习要素分析，认为开展基于项目的探究性学习模式应当注意以下几个要素：学习目标、教师、学生（个体或小组）、学习环境、项目和学习成果。

1. 学习目标

根据教学及学生个体发展的需要，确定探究性学习的目标。基于项目的探究性学习的目标可以是学科知识的掌握，也可以是探究性学习能力和综合运用能力的提高。

2. 教师

在基于项目的探究性学习模式中，教师处于"导"的位置。教师一方面要负责基础知识的重点讲授，一方面要为学生提供引导策略，把握探究性学习的进程，保证学生的探究性学习得以顺利进行。

3. 学生

学生是基于项目的探究性学习模式的主体。学生可以根据个人需要和学习兴趣，选择个体的自主学习或小组合作学习。项目的选择、学习资料、学习进程和学习结果都由学生自主把握。

4. 学习环境

各种网络资源、认知工具、沟通工具和网络教室环境为学生建立一个良好的探究性学习环境，以支持学生的自主探究、协商交流和知识建构。

5. 项目

基于项目的探究性学习模式是以项目为主线，项目可以由学生自发选择或由教师布置，然后再将项目分解为若干个任务。任务是指为达到既定的活动目标，对学生要完成的具体学习活动的目标、内容、形式、操作流程和结果的综合描述。在整个模式当中，学生可以深刻理解一个项目完整实现的过程，并动手实现一个接近真实的情境。

6. 学习成果

基于项目的探究性学习模式要求学生在学习结束后，提交一定的学习成果。学习成果的形式可以是作品设计、研究计划、反思日志、实验报告等。

四、基于项目的探究性学习构建

根据对基于项目的探究性学习要素分析以及相关内容的界定，我构建了基于项目的探究性学习模式。我所述的基于项目的探究性学习模式与传统学习模式有很大的区别，它是以"教师讲授→项目布置→自主探索→小组研讨→完成作品"为主线，以网络教室环境为依托，以学生自主探索、协作交流为主体，以教师点拨为主导，以项目为内容组织形式，以小组活动为基本组织形式，以转变学生的学习方式，提高学生的信息素养、探究意识和创新精神为目标的课堂学习模式，它包括确定学习目标→分析学习者特征→教师讲授→设计项目→创设学习环境→探究学习→总结评价等环节。

第二节　项目学习中课堂探究的有效实施

探究性学习是学生围绕一定的问题、文本、材料，在教师的指导下，自主寻求或自主构建答案、意义、理解或信息的活动和过程。新课程实施多年，与每位一线教师直接相关的莫过于学生学习方式的变革。探究性学习作为一种适合素质教育的学习方式，已经被广大教师所接受。但在信息技术课堂中，探究性学习如何实施才能保障教学内容、教学进度、能力培养等多方面的达成呢？

信息技术是一门实践性很强的学科，信息技术教学要克服以往单纯依赖教师传授知识和技能的做法，既要重视知识的传授，更要注重学生在教师的引导和启发下通过自身的探讨、同伴合作，创造性地获取和掌握知识。

一、创设情境，导入目标

"只有既适合于学生，又有意义的问题才能产生有所收获的探究活动。"要让学生的探究活动既有趣又真正有所收获，教师就要认真思索如何设计探究的情境。

探究情境的设计如果不能充分调动学生参与探究的兴趣和积极性（如学生对教师提出的问题根本不感兴趣），探究活动就只能在教师的逼迫下被动地开展，学生自然就很难全身心地投入其中。因此，在探究学习中，教师要根据教学内容和学生特点，合理创设一个或多个与现实相关的情境。

情境的创设应是学生感兴趣的，能激发学生思维的，密切联系学生生活的真实的情境，以激发学生对教学内容强烈的求知欲望，使其在最佳的学习状态下进行学习，养成自觉探索并获取知识的欲望。

例如，在讲授广州市信息技术课第二册第三章"多媒体作品"中第四节"动画设置与演示播放"时，教师首先播放一段自己制作的图、文、声并茂的演示稿，学生观看后学习的热情和兴趣被迅速激发，强烈希望知道怎样才能制作出具有声音和动画的优美的演示稿，这便激起了学生的问题意识和自主探究学习的欲望。

又如在"制作小板报——插入文本框"一课中，教师向学生展示了一些描绘古诗文意境的绘画作品，问学生想到了什么，引导学生吟诵古诗，激发学生的学习兴趣。再引导学生分析配有古诗文的绘画作品，分析如果自己制作一个这样的作品，需要分几个步骤完成，哪些操作是自己会的，哪些操作是自己不会的，从而自然引出需要进一步探究的目标。

引导学生对大任务做分析，使学生发现完成整体任务所必须完成的子任务，以及完成各子任务所需的知识和技能。在综合任务设计中可以提供多个任务供学生选择。

因此，在教学实践中，教师应注意创设真实的教学情境，使那些生动直观的形象有效地刺激学生联想，唤起学生原有认知结构中的知识、经验及表象，从而使学生围绕"真实问题"进行自主探究学习，利用有关知识和经验去"同化"或"顺应"学习到的新知。

二、自主建构，探究实践

心理学家布鲁纳认为，学生通过亲自探索发现事物的关系和规律，能使学生产生兴奋感、自信心，从而提高学生的内部动机。

知识的学习是基于知识的主动建构，是在原有的基础上形成、拓展、验证与修改的过程。在以往的学习中，学生已经建构起一定的知识和经验，即使一些问题他们没有接触过，没有现成经验，但当问题一旦呈现在面前时，他们往往也可以基于相关的经验，依靠他们的认知能力，形成对问题的某种解释。因此教师要引导学生基于已有知识建构新知，从而获得系统的知识。

教师切忌直接告诉学生应该做什么，而只需要针对不同的角色，向他们介绍一些与完成任务相关的资料，或者提供一个完成任务的基本框架，引导学生通过自主探索完成任务。

例如，在画图软件"矩形工具的使用"一课，由于学生之前已经学习了"椭圆"工具，"矩形"工具的操作步骤与"椭圆"工具相类似。教师可以使用知识迁移的方法引导学生进行探究，并从中学习"矩形"工具的操作方法，可设计以下教学环节。

（1）复习"椭圆"工具的操作方法，让学生用"椭圆"工具画出"云朵"。

（2）让学生看图说出"椭圆"工具的几种工具样式。

（3）出示范例（用"矩形"工具绘画的"电视机"），提问："该图使用了什么工具？"

（4）"矩形"工具与我们之前学习过的哪个工具的操作方法相似？

（5）提问画电视机应该先画什么、再画什么，有哪些要注意的地方。

（6）布置任务：自主探究"矩形"工具的操作方法，可以阅读教材，可以浏览软件的"帮助"等，并绘画出"电视机"（学生操作）。

这样组织设计教学活动，难度适当，符合学生的"最近发展区"，能很好地引导学生进行探究实践，并运用已有的知识解决新的问题。

三、协作学习，探究实践

建构主义理论指出，协作发生在学习过程的始终，协作对学习资料信息的获取、分析、处理以及学习成果的评价都具有重要的意义。探究性学习强调探究过程中知识的社会建构，强调探究过程中知识建构共同体中成员之间的交流、对话、协商与合作。因此，探究不应仅仅是一种纯粹的个人行为，更需要有一个在不同个体（包括全班学生和教师）之间进行表述、交流、批评和反思以及不断改进的过程。

教师在教学的过程中，要注意引导学生积极协作，让每位学生随时向小组成员传递自己已获得的资料、任务进展等情况，并主动了解其他成员的有关情况，在互帮互助中共同进步，让每位学生的思维成果为整个小组共享。

教师要适时组织小组交流讨论，针对小组协作中遇到的问题，及时调整计划、进度，甚至调换角色，从而使各合作小组进一步把各自的探究活动深入开展下去。协作探究学习要处理好小组分工以及学习时间的估算和安排两方面的问题。

例如，教学"用金山文字制作亚运小板报"时，我设计了如下任务：

（1）进入学习网站，观赏板报范例，小组探究电子板报的组成要素和制作流程。

（2）在网上收集和整理有关"广州亚运"的相关信息。

（3）制作以宣传"广州亚运"为主题的电子小板报。

（4）以上任务在小组长的组织下，通过小组协作分工完成。

在学习活动中，学生组成协作学习小组，通过小组的协作探究，细化任务，完成任务，突出了学生的主体地位。利用任务导向，使学习目标更为明确。通过协作的方式解决任务有助于学生之间的思想交流，同时能培养协作精神。

四、交流体会，完善提高

探究性学习过程中的交流环节是学生由表及里、逐步突破重点和难点、层层递进地掌握知识和技能的过程。

师生之间、学生之间的交流，能够使学生把自主探究过程中形成的初步认知和动作技能上升为有意义的知识建构和心智技能。在这个过程中，不只是知识信息的交流，更重要的是语言的表达、思想的沟通、情感的交融和性格的磨合。学生交流体会的过程中，教师要注意把握好学生发言、汇报的主题，不要离题。

例如，在布置"和谐的校园"主题画作业时，我启发学生把在校园里做过的一些游戏、发生过的趣事，通过计算机绘画表现出来。顿时各小组纷纷讨论起来，商定主题后又一起探究用什么艺术手法、用什么样的画图技术表现出来。后来收到了许多形象生动、有趣的优秀作品。最后，我让大家讨论交流，在绘画中自己用了什么样的艺术表现手法和什么样的画图技术，并谈谈自己在创作过程中的收获和体会。这样各小组在互相合作中，不仅注意了绘画作品的艺术性和表现型，又熟练了电脑绘画的各种操作技术。

五、总结评价，升华拓展

学生通过参与探究学习，最终将获得一定的知识和技能，并产生成果或作品。这时教师应该适时地组织全班学生进行总结，并对整个学习过程及成果进行评价。

总结主要是每个小组或成员根据整个学习情况，总结汇报自己的学习方法以及获得的知识、技能、经验和体会。汇报后，教师、学生可以提出自己的建议，指出其优势与不足之处，并提出改进的方法，以便在进一步的学习中不断完善与提高。

评价可以有多种方式，可以是学生自评、小组成员互评或教师点评等。评价内容可以从探究氛围与效率、学习态度与动机、任务参与性与协作性、技术运用和艺术性等多方面进行。

例如，在教学"金山演示"时，要求学生使用金山演示软件设计和制作图、文、动画并茂的生日贺卡。通过学生的自主探究和协助学习，在学生设计好自己满意的作品后，我都会先选择具有代表性的学生作品做点评的范例，然后开展组内互评或学生自评，当学生的作品获得教师和同学们的认同和赞赏时，学生的那种喜悦会让他们对探究产生更加浓厚的兴趣，在以后的学习中会更加积极，形成一种无形的动力，推动了探究欲望，从而提高了操作技能水平。

总之，探究是学习的过程，又是学习的目的。学生知识的自主建构是探究性学习的核心。教师在整个探究活动中不是领导者，而是参与者、指导者。在小学信息技术课堂中开展探究学习，既培养了学生的独立性和责任感，又提高了学生的合作意识和探究能力。

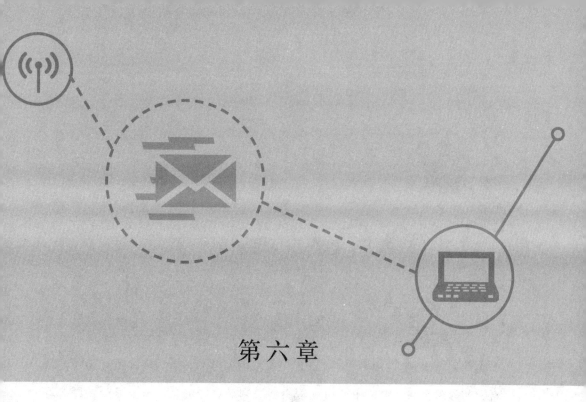

第六章

以评促学：
项目学习课堂评价的系统建构

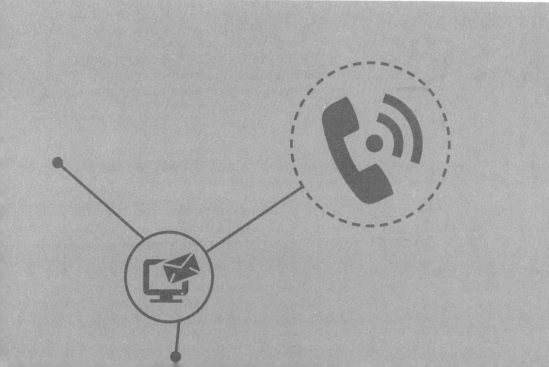

　　学习评价是项目学习的重要环节，是提高教育质量、促进学生获取知识、提高技能应用能力、培养信息素质和计算思维的重要手段。要保证评价作用的有效实现，评价时必须树立先进的评价理念和正确的评价目的，采用科学的评价方法，处理好评价实践中所遇到的种种关系，诸如等级、甄别与发展的关系，自评与互评的关系，个体评价与项目组评价的关系，过程评价与结果评价的关系，等等。我认为，项目学习的评价应当遵循多主体、多形式、多标准、多层次的原则，倡导学生自评、成员互评、组间互评、教师评价相结合，电子档案袋评价与项目成果评价相结合，表现性评价与过程性评价相结合。针对具体的项目学习，可以有目的地开展学习评价，个性化地实现学习目标。

第一节 构建项目学习多元评价体系

随着建构主义教学理论和多元智能理论被广大教育工作者逐渐理解和接受，各中小学掀起了利用建构主义理论和多元智能理论为基础教育进行教学改革的热潮。这就为小学信息技术课堂教学提供了新的课题，如何在小学信息技术课堂中实施对学生的发展性评价？如何在评价中促进学生的全面发展？

新一轮课程改革，评价不再只是检查学生对知识、技能的掌握情况，而是更关注学生掌握知识、技能的过程与方法，以及与之相伴的情感、态度与价值观的形成。因此，在课堂教学的发展性评价中，应该注意评价工具、手段的多样化，注重把质性评价和量化评价结合起来；要注意评价策略的使用，使教学过程中的评价能与各学习环节和谐进行，达到最佳效果。

一、自评、师评、小组评相结合的多元评价方式

建构主义主张自主学习，鼓励学生积极参与学习、研究，发挥首创精

神，实现自我反馈。当然，我们也不应忽略教师评价和小组评价的作用。教师评价为学生对知识的意义建构提供了一种引导，而学生之间的相互交流、协商、评价，可能引起各种层次和类型的文化碰撞、价值观的碰撞以及思维的碰撞，这有助于他们在认知层次上达到协同，从而提高教学效果。将三者有机地结合在一起，可以使评价更科学、更合理、更客观。

信息技术课堂中，网络教学强化了学习的自主性，为自我评价提供了强大的"硬件平台"，如集成化的学习环境、具有交互功能的学习资源等，使学生和学习结果之间有了更直接的联系。小组评价和教师评价可通过网络技术和数据库技术，传达和接受评价信息，这样做既简便又快捷。

例如，在试验中利用网络建立电子随堂记录卡，通过数据库的形式及时地、全面地收集学生在本节课中的学习表现和情感体验，通过计算机程式对数据进行分析和处理，再及时地对学生做出相应的评价。这样不仅能为教师提供课堂内容等多方面的反馈，也为学生提供了一个极好的展示自我的机会，更为建立学生个体成长记录袋提供了一种方便的途径，教师也可利用多媒体广播系统及时对学生的信息做出评价。我们在实验过程中将电子随堂记录卡设计为四部分："情感态度评价卡""基础知识评价卡""实践操作评价卡""双向综合反馈卡"。这四部分可根据课型不同、教学内容不同、学生年龄不同进行分项、分期、分散式的评价操作。例如，我们设计了如图6-1所示的电子随堂记录卡。

随堂记录卡 这节课你学得 怎样？ ◎ 非常好 ◎ 比较好 ◎ 一般 ◎ 不好	随堂记录卡 这节课你学会 了吗？ ◎ 全部学会了 ◎ 基本学会了 ◎ 有一部分学会了 ◎ 没有学会	随堂记录卡 这节课你用得 最好的技术是？ ◎ 插入图片 ◎ 底图的设计 ◎ 修饰文字 ◎ 插入艺术字	随堂记录卡 这节课你认为 老师上得怎么样？ ◎ 非常好 ◎ 比较好 ◎ 一般 ◎ 不好
情感态度评价卡	基础知识评价卡	实践操作评价卡	双向综合反馈卡

图6-1　电子随堂记录卡

电子随堂记录卡还可根据实际的情况设计不同的问题。例如，"这节课你参与最多的环节是？""这节课你喜欢的是？"等等。学生在网络环境下，通过适时地填写四种电子随堂记录卡，在潜移默化中学会了自我评价，学会了自我调节和监控，学会了对学习过程、方法和效果进行分析，学会了学习策略，并运用学习策略主动地规划自己的学习任务、确定发展方向、选择学习方法、培养并发展元认知，从而在课堂学习中得到全面地发展。教师也能及时收集学生的信息，及时调整教学过程。

二、形成性评价和诊断性评价有机结合

传统的信息技术课程评价往往沿用传统学科的测试方法，围绕教学目标，通过笔试、上机测试来评价学生对计算机基础知识及相应的操作技能的掌握程度。同时多采用总结性评价，如期末考试、年终评定等。而学习本身是一个动态发展的过程，知识的意义建构以及人与人的协作关系都是随时空转换而不断变化的。因此，在信息技术课堂中，可以充分利用网络的反馈及时、管理方便、省时省力等优良特性，对整个教学过程做跟踪监控、检测、指导。形成性评价关注教学活动中学生的学习状态、学习态度、应变能力，甚至情感、家庭情况等，从中发现问题，及时反馈并给出相应的建议和补救方案。此外，为了使信息技术课堂教学更有针对性、预见性，还需对学生进行诊断性评价。在网络上构建诊断性评价，被安排在教学设计前，是制定教学目标、组织教学内容、选择学习策略的依据。依据置前评价的结果，学生可以有选择地进行学习。在现代信息技术环境下，教师可充分利用网络环境收集、存储、分析和处理评价信息，通过网络中强大的数据库使形成性评价和诊断性评价有机地结合，从而达到两者的辩证统一。

例如，在"字母键的综合练习"一课中，教师结合该单元中的练习，把它们按难易程度分成基础关、提高关、拓展关，并设计了一个形成性评价量表（见表6-1）。教师通过学生填上各关的分数和自评情况，初步掌握学生在练习过程中的表现。再通过分数统计图和自评统计图（见图6-2和图6-3），教师可以全面掌握该班学生在这节课的集中表现。经过一个单元的数据收集与统计，由网络评价系统为学生给出诊断性的评价（见图6-4），学生、家长、教师就可以根据评价中的知识、能力水平对学生进行有针对性的补缺补漏；根据评价中的情感情况就能及时了解学生的心理发展，加强了三者之间的互相了解与沟通。

表6-1　"字母键的综合练习"一课中设计的形成性评价量表

基本关			提高关			拓展关		
分数	自我评价		分数	自我评价		分数	自我评价	
	真棒	不错	继续努力		真棒	不错	继续努力		真棒	不错	继续努力

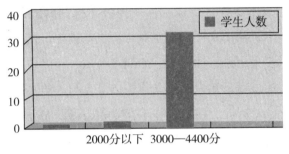

图6-2　学生分数统计图

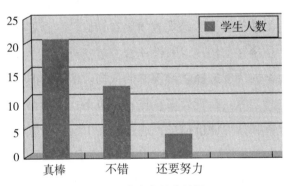

图6-3　学生自评统计图

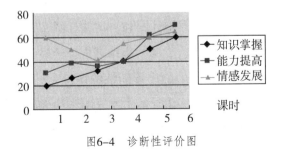

图6-4　诊断性评价图

三、个别评价与整体评价相结合

个别评价侧重于学习过程中学生的差异，而整体评价侧重于从大量信息、数据的背后挖掘学习中存在的共同点。个别评价又包括自我评价和一对一交流的师生评价和学生互评，不仅能够满足不同的学习需要、提供更有针对性的学习指导，而且还能够激励学生的学习兴趣，促进情感沟通，避免学生屡遭失败"陷入困境"，树立学生自信心。例如，学生只要在自己原有的基础上有提高，就是成功，就可以得到同学、老师及家长的肯定，可以增强学生的自信心，消除自卑心理。特别对那些基础较差，在家受到父母指责，在学校受到教师冷落，在同学面前抬不起头的另类学生来说受益匪浅。注重个性差异的同时也不要忽略对学习的整体评价。整体评价就是对班级所有学生的学习情况进行汇总统计，与其他班级或其他学校进行比较得出分层教学效果的评价。网络教学具有跨度广、规模大、涉及范围宽等特点，这就使其提供的数据、信息更真实可靠，更具广泛性，更有参考价值，能让学校、教师及学生保持优势，发现不足，及时调整教与学的方法及手段，做到心中有数，促进分层教学的顺利开展。此外，网络传输系统快捷、灵活的特点使数据的采集、搜索、分析更加简易方便。通过对这些数据的统计分析，找出隐藏的学习规律，可以制定出更先进的教学策略。

个别评价与整体评价是分层教学的一个重要组成部分，其主要目的在于激励、提高，寻找差距。分层评价的方法能比较客观地反映学生的学习进展和教师的教学效果，操作简单。

四、科学设计和有效应用电子量规，为课堂注入新的活力

电子量规是一种结构化的定量评价工具，也是学生学习的"脚手架"。小学信息技术课堂运用电子量规开展多元化的课堂评价，使教师能及时准确地掌握学生的学习状况，并将评价结果反馈给学生，提示学生反思学习过程中的不足并不断改进，从而高质量地完成学习任务。电子量规具有目标导向的作用，电子量规中的学习目标描述可以帮助学生了解"什么是高质量的学习"，促进学生对任务目标的理解，确定任务质量的达标程度，培养学生的

学习效率、效益、效果意识。量规不同于标准化测试，其标准的多元化、公开化，较容易实现开放和共享功能，有助于对学生进行客观、公正的评价。因此，进一步完善多元化的电子量规评价的标准和要求，将有助于学生形成较强的观察问题、分析问题、处理问题的能力，为学生的全面发展创造条件，提升信息技术课堂评价的说服力，为课堂注入新的活力。

例如，在"网上搜索、保存信息"这节课中，我根据课程的三维目标（知识与技能、过程与方法、情感态度与价值观）设计了如下评价量表（见表6-2），从多维度、多层次评价学生本节课的学习表现。

表6-2　三维目标评价量表

三维目标	评价项目	等级
知识与技能	1. 能按主题在网上搜索信息	优⊙ 良⊙ 有待提高⊙
	2. 会保存网页、图片、文字等信息的操作	优⊙ 良⊙ 有待提高⊙
	3. 会打开被保存的信息，筛选、处理信息	优⊙ 良⊙ 有待提高⊙
过程与方法	会在网上按主题搜索、保存、处理、交流信息的基本方法	优⊙ 良⊙ 有待提高⊙
情感、态度与价值观	1. 能产生对互联网的兴趣	优⊙ 良⊙ 有待提高⊙
	2. 不浏览不健康的网站	优⊙ 良⊙ 有待提高⊙
	3. 乐于使用互联网进行学习	优⊙ 良⊙ 有待提高⊙

五、根据评价目的和标准制定合理、全面的评价指标体系

教学目标与测试标准是否一致是教学能否成功的关键。评价标准越是接近教学目标，达到的教学效果也就越接近理想的状态。评价指标体系就是具体化了的评价标准。作为一种规范，评价指标体系是明确的、可测量的、可被观察到的。下面就以建构主义学习理论下的学生、教师以及构成学习环境的几大要素作为评价要素并列出相应的网络教学评价标准（见表6-3）。

表6-3　网络教学评价标准

评价要素	评价标准
学生	运用信息技术探索、学习和研究的能力
	是否具有团队精神，是否具有在网上相互交流和信息共享的协作学习能力
	情感的取向、创造性解决问题以及知识外化的能力

评价要素	评价标准
教师	运用现代教育技术对学习进行监测、管理、指导的能力
	制定的教学策略、教学方法是否具有针对性，有利于学生自主学习能力的培养
	是否具备科研能力、课程开发能力
学习情境	创设的情境与学习需要结合的效度
协作	协作参与、协作环境的范围、层次以及观点交流的有效度、可信度
会话	会话语言信息的沟通对学习影响的程度。对口头表达能力、答辩能力的作用

如在英文打字课中，我们根据现行广州市小学信息技术教材和教学目标，从知识与技能、过程与方法、情感态度与价值观三维目标设计出以下评价指标（见表6-4）。

表6-4　英文打字课中的评价指标

评价项目	优秀★★★★	良好★★★	及格★★	有待提高★
完成作业情况	全部完成	基本能完成	完成了一部分	完成了一小部分
坐姿与指法	坐姿、指法正确	坐姿正确、指法基本正确	坐姿、指法有时正确	坐姿不正确，击键没有使用正确指法
输入速度	25字符/分钟以上	20字符/分钟	15字符/分钟	10字符/分钟以下
正确率	95%	80%	60%	低于60%
你喜欢本节课的内容吗	非常喜欢	喜欢	一般	一直不喜欢

六、在网络环境下，充分发挥课堂评价的交流性

在课堂教学中利用各种各样的小组活动可以让学生在自主探究、合作交流中发现问题、解决问题，并形成一种彼此合作的、积极学习的课堂气氛，成为课堂教学的主人。在现代信息技术的环境下，网络为课堂教学中教师与学生、学生和学生之间的交互性提供了强而有效的优越条件。基于局域网的形式（如论坛、聊天室、留言板等），为课堂中不同的组与组之间的学习、交流提供了桥梁，成为师生、生生之间沟通的一种有效的渠道，打破了三者之间相对孤立的状态。提高学生的信息素养，实现学生的自评和同学间的互评，拉近学生之间的距离，也便于教师对学生学习情况的收集，实现评价主

体的自我回归。

例如，在低年级的实践过程中，考虑到低年级学生操作计算机的能力与文字输入的能力还比较低。因此我们设计了评价系统的学生互评模块（见表6-5和表6-6），让学生自己选择要说的话，既达到生生交流的目的，也避免了因为学生能力不足而出现的种种外因的干扰。

表6-5　学生互评表

我的学号　　　　　　他的学号

我要对他说：（语言选择）
你做得真好，我要向你学习
你真是个聪明的小朋友
不错呀，你的进步很大
再努力一点，我们相信你肯定能拿到满分的
做错了不要紧，继续努力啦
不要灰心，我们支持你

表6-6　学生评价表显示

学号34对学号12说：再努力一点，我们相信你肯定能拿到满分的
学号16对学号22说：你真是个聪明的小朋友
学号09对学号03说：不要灰心，我们支持你
……
……

在中、高年级，可采用网络即时对话工具，让学生畅所欲言。在信息技术学科的一堂实验课"图形的复制与编辑"中，学生在论坛上留下这样的话语："我学会了如何使用编辑工具。""今天你表现不错。""我需要技术支持，如何实现图形角度的旋转呢？""图形的旋转很简单，我来教你吧。"通过网上交流，学生已经初步学会评价自己和评价他人，而且学生还能通过网络进行知识上的交流和拓展，达到其他教学媒体所不能达到的效果。

第二节　运用电子量规优化作品评价

信息技术是一门实践性很强的学科。业界普遍认为：项目学习下制作电子主题作品（综合运用一种或数种应用软件制作的、反映一定主题和要求的、相对完整的数字化作品）最能反映小学生"应用信息技术解决实际问题的能力"。但目前的主题作品评价要么仍是"教师裁决"式，导致学生消极对待评价，其结果难以"促学"；要么虽有心尝试发展性评价，却终被设计得过于烦琐的操作程序以及难以负荷的工作量所抹杀。例如，某些地区开展"档案袋评价"，仅纸张的消耗就已成为学校沉重的经济负担，其对教师工作压力之重更可想而知。

我们确定了从设计评价量规、开发评价工具和探索评价教学的方法入手，寻找将发展性评价落实到主题作品评价教学中的有效途径。

一、制定"项目学习"科学的评价体系

基于项目的学习是以学习学科的内容为中心，以制作电脑作品并将作品

展示给他人为目的。在研究的每一个阶段，注重过程性的评价，建立学习的评价体系，不仅是给学生学习效果和劳动的鼓励和帮助，更是充分调动学生的创作激情，促进学生信息素养的提高。在本研究中教学的评价包括以下两个方面。

1. 形成性评价

在项目学习的过程中，当每段学习结束时，每个小组的成员需要从项目的选择方面进行自评（见表6-7）。

表6-7 项目学习应用于数字文化创作课程课堂的学生自评表

项目名称：_____	小组：_____		日期：_____
评价要素	评价标准		
	A	B	C
你对项目是否真正感兴趣	感兴趣	可以接受	不感兴趣
你认为所选项目是否真正贴近现实生活	非常	有联系	不切实际
你对项目是否有一定的了解	很了解	有所了解	不了解
你认为能否利用所学知识完成项目	能	不容易	不能
你认为项目最终能否以"项目作品"的形式展示	能	不容易	不能

从协作态度及学习积极性方面，小组成员之间对活动中的表现进行互评，互评量规详见表6-8。

表6-8 项目学习应用于数字文化创作课程课堂的小组成员互评表

项目名称：_____		小组：___		日期：_____
评价要素		评价标准		
		A	B	C
知识与技能	能正确启动和关闭计算机	准确	偶尔出错	完全错误
	使用新软件时，能正确寻找解决方法	能	偶尔能	不能
	熟悉已有的信息技术知识	熟悉	基本熟悉	不熟悉
	具备基本的计算机操作技能	熟练	一般	不熟练
	综合学习能力	很好	一般	有待加强
	撰写调查报告	很好	一般	不会

项目名称：_____	小组：___	日期：_____	
评价要素	评价标准		
	A	B	C
过程与方法 学习过程中主动提出自己的看法	能	偶尔能	不能
学习过程中有清晰明确的想法	是	偶尔能	不是
学习过程中能认真聆听别人意见	能	一般	不能
能积极配合他人工作	能	偶尔能	不能
在研讨过程中能提出富有创意的意见	好	一般	不好
收集、筛选、分析信息的能力	强	一般	有待加强
自主探究学习能力	强	一般	有待加强
独立完成项目能力	很好	一般	有待加强
情感、态度与价值观 计算机使用过程中能文明上网	是	不一定	否
有安全上网的意识	是	不经常	否
学习态度	很积极	一般	有待端正
协作交流意识	强	较好	有待加强
制作的数字文化作品富有创意	能	一般	不会
意志力	强	一般	有待加强
责任心	强	一般	有待加强

小组成员在学习过程中填写资料收集表，见表6-9所示。

表6-9 项目学习应用于数字文化创作课程课堂的资料收集表

资料主题	资料类别	已有资料	需要收集的资料
	文本		
	图像		
	动画		
	音频		
	视频		
	其他		

教师根据各小组的表现以及评价表进行总结，或表扬或鼓励，以调动学生的学习积极性。

2. 总结性评价

教师根据作品评价标准给学生的作品打分。各小组之间也要进行互评，得出评分结果，作为分析依据。本研究采用如下评价标准（见表6–10）。

表6–10　项目学习应用于数字文化创作课程课堂阶段性总结小组互评表

评价内容	评价指标	评价标准		
		A（5分）	B（3分）	C（1分）
内容	内容观点	内容全面，观点明确，论证有力	内容较全面，观点欠明确	内容有缺失，观点不明确
	逻辑顺序及重点	顺序准确，重点突出	顺序准确，但是重点不突出	顺序不准确，重点不突出
	细节及提问	能引发读者思考和探寻更多信息的动机	只能引发读者的思考	不能引发读者的思考，不能体现更多的信息
布局	区域、板式	划分清晰美观	划分较清晰美观	划分不够清晰也不够美观
	内容表现形式	多样、合理	多样但不合理	单调又不合理
界面	页面风格	与主题相符，形式新颖	与主题相符，形式老套	与主题不符
	背景	很好地衬托主题	能衬托主题	不能
	图片、动画	使用合理	使用一般	不合理
艺术性	作品设计	既能突出主题，又具美感	仅能突出主题，但不具美感	不能突出主题，也不具美感
多媒体素材应用	声音使用	合理与主题相符	合理但与主题不符	不合理也不符合主题
	动画播放顺序	准确、自然	准确但不自然	不准确，也不自然
导航	母版的利用	准确、合理	准确但不合理	不准确，也不合理
	页面切换	自然、准确	自然但不准确	不自然，也不准确
创造性	能根据任务需要	主动探究、学习并能合理运用新知识进行操作	主动探索，不能合理运用新知识进行操作	不能主动探索，也不能合理运用新知识进行操作

评价内容	评价指标	评价标准		
		A（5分）	B（3分）	C（1分）
口头报告	语言	生动准确	生动但不准确	单调、混乱
	组织条理	组织严密、条理清晰	组织严密	组织松散，欠条理
	信息传递和交流技巧	能灵活运用	一般	不能灵活运用
协作	分工	明确、合理	一般	不明确、不合理
	对分配的任务	顺利完成	基本能完成	困难
	成员之间的协作	主动帮助他人	一般	各自为战
得分：				

二、基于电子量规的评价教学效益

培养学生评价水平最有效的途径就是让学生在实践中参与评价，发现问题，获得发展。而电子量规给予了学生参与作品评价的机会，并使评价简单、客观、易行。我校把电子量规系统应用于信息技术课堂主题作品教学中，让学生参与到课堂评价的每一个环节。经过两年的实践与探索，效益显著，具体体现在以下几个方面。

1. 调动了学生的学习积极性

只有能激发学生去进行自我教育，才是真正的教育。只有学会自我教育的人才可以成为真正的人。实施学生自我评价的最终目的就是让学生学会自我教育、自我赏识。学生学习自我评价是一种有效地促进学生发展的教育手段。而学习者之间的相互交流、协商、评价，可能引起各种层次和类型的文化、价值观、思维的碰撞，这有助于学生在认知层次上达到协同，从而提高课堂教学效率。

大部分学生十分珍惜自己的评价权，因而会积极、认真地参与评价活动。电子量规不仅记录学生的发展过程，同时能让学生在了解优缺点的基础上进一步修改作品，不断评价，从而实现开放地、动态地评价作品。对比实验班和对照班的学习情况可以发现，实验班的学生学习积极性明显高于对照班。根据对学生的调查，我们发现：学生十分愿意使用电子量规对自己或他人进行评价，对新事物接受速度较快。

2. 能够提高教学效率

"学生在学校所学到的知识大部分并不是来源于老师，而是来源于他身边的同学。"在教学中，教师面对着全班的学生，而一节课的时间只有四十分钟，加上信息技术教师所教的学生数之多，不可能对每位学生都进行详细的作品辅导。如何才能充分合理地利用课堂的时间，使每个学生都能了解其作品的问题，明确改进方向呢？通过电子量规所具有的信息收集和交流功能，充分发扬小组的互帮互评可替代教师的很多工作，让每一个学生享有平等的教育权利。同时，学生通过电子量规开展的互评还是教师获得信息的一条重要渠道。因为平时学生在一起相处的时间较多，相互了解也较深，能清楚地看到同学的优点与缺点，评价结论一般来说较真实、具体。经过电子量规的整理后，学生的零散建议会显得更系统，提出的发展建议也更明确，在教学活动中也有利于培养学生的合作意识，增进学生间的交往和沟通。学生和教师还可根据系统及时反馈的学习效果信息调整学习，以达到学习效果的最大化。

3. 发展学生良好的评价素质

以反思能力为核心的良好的评价能力是学生能够持续学习与发展的基础，新课程改革所倡导的评价改革也要求学生作为评价主体之一，要积极、有效地参与评价活动。要达到以上目的，学生本人必须要具备良好的评价素质。通过学习评价知识，发展评价技能，掌握评价方法和改善评价态度，学生的评价素质有了较大的提高，学生的信息素养得到了一定的发展。更为重要的是，小学生在本研究过程中发展的良好的反思能力、评价能力，掌握的评价方法和形成的健全人格，将为他们各学科的学习奠定坚实的基础。

三、评价尚存在的问题

在实践的过程中，部分教学环节的实施效果欠佳，主要体现在以下方面。

1. 部分学生对量规的理解存在一定的困难

学生操作电子量规基本不存在困难，但阅读与理解量规内容用时稍长。据抽样观察，学生第一次使用量规评价一份作品所用时间约七分钟，这会影响学生评价作品的数量，而评价量过少又容易造成评价结论偏颇。只有学生深刻地理解量规内容才能有效开展评价。因而在"主题作品制作"的任务布置之初就必须出示用于评价的量规，并向学生说明评价的要求，指导学生学习、理解，以便正确使用量规进行评价，减少评价作品的时间损耗。

2. 学生评价数据反馈简明，学生评价结论与真实矛盾

由于小学生的年龄还小，社会阅历不丰富，见识不广，其认识和判断是非的能力有待提高，缺乏正确的评判标准，学生的评价结论往往与真实相矛盾。显然，学生要根据量规中的标准进行互评，并形成可观的评价结论离不开教师的合理引导。由于学生的量规使用经验不多，加之对量规指标的理解存在一定困难，因而在如何利用评价结论改进自己的作品上，教师的示范点评尤为重要。

3. 部分学生分析评价结论欠认真，仓促修改

学生在修改作品的过程中，如果缺乏相应的指导，没有仔细认真地分析互评、师评的结论，没有形成修改作品的具体方案，就会仓促修改，甚至还会重复以前的认知错误。因此，在学生修改作品前，教师应指导学生对作品存在的问题进行深入地分析，总结作品修改的具体方案，学生进而指导自己进行作品的修改，这样将会获得更佳的学习效果。

四、评价教学流程的调整

根据上述问题分析，对作品评价教学流程做出如下调整（见图6-5），使师生双方均紧扣电子量规及其内嵌量规标准开展教学活动。

学生 → 电子　　评价作品 → 分析结论 → 反思差异 → 策划修改
教师 → 量规　　活动概述 → 示范点评 → 组织交流 → 总结提升

图6-5　作品评价教学流程

1. "评价作品"与"活动概述"

在进行评价前，教师再次向学生公布量规内容，做出说明，并布置任务要求。然后学生通过量规平台开展作品评价中的自评和互评（含小组内评和组外自由评），主动参与到评价教学环节中去，体现出学习的主人意识。在学生开展评价的过程中，教师除了对学生提供一般性的辅导以外，还可根据系统实时汇总的数据——学优生名单、学困生名单、较好的达标项目和不足的达标项目，及时总结学生共同存在的优缺点，并进行有针对性的个别化教学，如亲自对学困生进行指导或开展学生间的"小老师"活动。

例如，在"广州新机场介绍"演示文稿制作中，教师向学生发布预先设置好的电子量规，并经过详细的解释，让学生对量规有了充分理解后，学生便可进入电子量规评价系统进行自评。学生依据教师制定的评价标准，可对自己的作品做出分析和判断，并为每一指标项打分。然后，在自评的基础上开展学生互评。本电子量规评价系统设计了作品上传保存功能，学生可以通过电子量规系统浏览查看他人上传的作品，通过系统的互评功能，学生便可对他人进行评价。

2. "分析结论"与"示范点评"

教师应首先对本次评价结果进行总体评述，再要求学生阅读各自的评价结果信息。然后以一名学生的作品为例，引导学生先将评价结果信息与量规标准进行对照，找出作品的差距，再与实际作品对照，发现具体问题，从而使学生掌握正确利用评价信息反思学习效果的方法，学生则可模仿此方法去分析自己作品所获得的评价结论。总之，这一环节是充分体现教师个人教学主导作用的关键，将深深影响着后面环节的教学效果。

3. "反思差异"与"组织交流"

元认知理论认为：反思是学生对自己认知过程、认知结果的监控和体会，对知识的理解要靠学生自己的领悟才能获得，而领悟又靠对思维过程的不断反思才能达到。学习是一个思考过程，更是对自己的思维活动和经验的反思过程。为此，教师要充分注意引导学生学会反思、进行反思，并积极创造和寻找可供学生反思的机会，调动学生参与学习的热情，帮助学生正确而深刻地理解和掌握知识。本电子量规评价系统除提供大量的有价值的评价数据供学生参考外，还设计了评价反思的功能。

全体学生利用科学的反思方法尝试填写个人"评后感想录"，细致地比较自己的作品在各主要评价指标项上与量规标准的差距。在学生独立完成反思后，教师组织学生进行分组交流，让他们先以小组合作的方式在组内交流自己初步整理的作品修改方案，阐述修改理由，听取其他组员的意见，使整个课堂内灵感相互碰撞，激荡起智慧的火花。

教师可以鼓励学生把本节课所遇到的事和所做的事情、取得的进步和获得的评价等用简单的语言记录下来，并进行科学审慎的批判性的回顾、分析和检查，从中总结经验教训，对自己的思想和行为进行自我调节、自我完善、自我控制、自我激励，为作品的修改及参加教师组织的二次评价做准备。为了学生的长远发展，学生的反思内容在评价系统中是按时间先后顺序保存的，构成了学生完整的作品制作发展记录，方便日后查阅或做进一步总结提升，也为信息技术课堂学生的成长记录袋提供了宝贵的素材。

例如，在四年级信息技术绘画课中，针对学生绘画的"宏伟的新机场"这一作品设计了反思模板，学生可根据自己的实际情况填写反思提纲，其中并不要求学生完整地填写全部的内容，可选取自己体会最大、感悟最深的问题进行回答。通过反思模板的使用，教师指导学生进行对照反思，帮助学生进行有效反思。

4. "策划修改"与"总结提升"

实施发展性电子量规主题作品评价的目的就是更好地实现"以评促学"。学生通过别人对自己的评价、教师的点评以及自我的反思，在对作品存在的问题做深入分析的基础上，总结出作品修改的具体方案，对作品进一步完善，这是学生评价水平提高的一个外显标志。

学生根据组内交流的意见，全面总结自己此次活动的表现，将自己作品的最终修改方案在"评后感想录"中发布，"感想"按日期的先后顺序保存，方便学生随时查阅，重温自己成长的历程。然后，教师再选出学生代表在班上汇报作品修改方案，希望达到增进交流，共同促进和提高的目的。最后教师对整个活动进行总结，有条件的学生还可在课堂或课后将作品修改付诸实践，使作品质量、个人素质皆得到升华。

整个教学过程中，师生充分发挥电子量规评价平台的强大功能，根据所反馈的信息不断地修正自己下一步的行为。"评价"因此真正融入整个教学之中，并贯穿教学的始终。"师生互动"是这一过程中的另一个亮点，在发挥学生学习主动性（自我评价、自我监控、自我反思、自我修正）的同时，教师通过范例具体有效地指导学生如何利用量规反馈评价信息、量规标准和反思模板等内容。学生在这一系列支架的支持下，坚实地向前迈进，教学的四个环节构成了一个动态、和谐的整体。

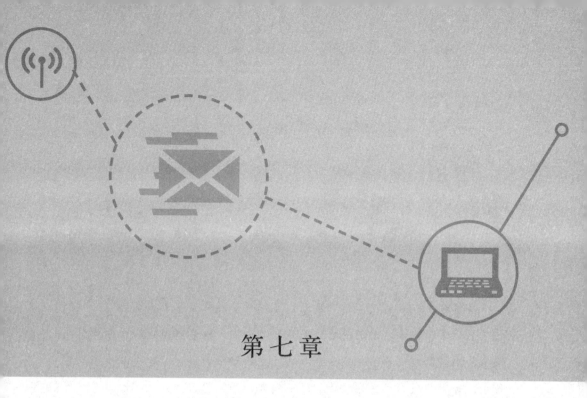

第七章

夯实"双基":
项目学习与技能教学深度融合

　　在万物互联的时代，信息技术基本知识和技能是一朝学会终身受益的。多年来，小学信息技术课堂技能教学方法陈旧，课堂枯燥乏味，学生学习热情不高，教学效果普遍不理想。我通过把基于项目的学习理念深度融入信息技术课程技能教学中，以解决"学习内容枯燥、学习情绪低落、学习效果低下"为目标，通过三轮行动研究法，以特定的故事情境为载体，以课程的有效整合为特色，改变过去单调的、枯燥的传统技能教学方法，营造快乐的、轻松的、成功的学习氛围，通过手"击"、眼"看"、脑"想"的训练，引导学生学习信息技术知识和技能，多形式开展训练，精讲多练，探索适合小学生学习的教学策略，并构建相应的教学模式，提高学生的信息素养。

第一节 对小学信息技术课程技能
教学现状的反思

随着计算机课向信息技术课的演变，小学信息技术课的教学内容发生了很大的变化。以往的小学计算机教学强调技能训练，曾有不少学校的计算机教师把计算机课变成了打字课。而今天信息技术课强调的是培养学生信息技术的兴趣和信息素养，因此技能训练被弱化了，不少学校的信息技术教师对指法训练这一部分进行了淡化处理，并且也由于指法学习、打字训练相对枯燥，学生学习的热情不高，所以教学的效果普遍不理想。

一、当前小学信息技术课堂技能教学存在的问题

我从平时到各校的听课中就可以看到，学生能真正掌握键盘指法，熟练打字的几乎是凤毛麟角。学生应该在小学阶段掌握的电脑操作基本技能却没能做到，尤其是在信息技术与课堂教学整合的实践中出现了这样一种现象：由于汉字录入水平较低，学生在进行学习活动时打字的速度缓慢、费时，在

很大程度上影响并制约了课堂的有效教学和活动的开展。

众所周知，熟练正确的打字指法、规范快速的汉字录入是操作计算机的一项重要基本功，是学生一旦掌握就能终身受用的技能。这既是学生学习信息技术其他技能的基础，又是学生运用信息技术探索其他学科问题的必要能力。因此，学生打字技能的掌握应该是小学信息技术基本技能的重点之一，没有中英文打字训练的信息技术课堂，就像是在语文教学中没有指导学生正确书写一样。

键盘是行命令交互时代遗留下来的计算机输入设备，在当今的图形交互时代，仍然具有重要的价值，它固守着自己的应用舞台。但是，键盘和指法的教学一直是信息技术课程中颇受争议的。在计算机课程诞生初期，由于被教师过分重视，出现了把信息技术课变成了"打字课"的现象。然而，新一轮的课程改革以来，强调通过信息技术课程使学生具有获取信息、传输信息、处理信息和应用信息的能力，信息技术课堂中的技能训练普遍被弱化，指法训练被许多教师做淡化处理，能真正掌握键盘指法，熟练打字的学生几乎是凤毛麟角。

对于计算机的操作，键盘指法是一朝学会终身受益的技能。同时，在小学信息技术教学中，学生对键盘的学习和指法的熟练程度将很大程度上影响教师后续教学模块的节奏和效率，也将很大程度上影响学生电子作品的完成度与学习兴趣。因此，键盘和指法的学习极其重要。但是，键盘和指法的学习相对枯燥，对于三、四年级的小学生来说，是一种不容易掌握的知识技能。为此，如何在教学实践中更有效地进行键盘教学，让学生愉快地进行指法学习，提高学生中英文打字的技能和水平，则已成为当前小学信息技术教师亟须研究和解决的问题。

二、对当前小学信息技术课堂技能教学的反思

在信息技术与课堂教学整合的实践中普遍出现了一种现象：由于汉字录入水平较低，学生在进行某些活动时会感到吃力、费时，在很大程度上影响了课堂教学的正常进行。实际上，熟练正确的指法、规范快速的汉字录入是操作计算机的一项重要基本功，这既是学生学习其他信息技术的基础技能，又是学生运用信息技术探索其他学科问题的必要能力。

1. 新课程的呼唤以及学生终身发展的需要

计算机的普及应用，使计算机已渗透到我们生活中的各个角落。汉字输入和计算机文字处理，已成为我国中小学信息技术课程的重要内容。随着新一轮课程改革的深入开展，对信息技术课程基本技能的"键盘学习——中英文打字"有效教法提出了更高的要求。如何在教学实践中更有效地进行键盘教学，提高学生中英文打字的技能和水平，这已成为信息技术教师所必须研究和解决的问题。本文拟通过对"小学信息技术基本技能'键盘学习——中英文打字'有效教学"的研究与实践，立足于改变当前小学信息技术基本技能教学的薄弱环节，提高课堂教学效益，提高学生键盘操作的技能，提高教师信息技术教学能力，使小学信息技术课堂的基本技能教学更有成效。

2. 本研究在小学信息技术技能教学中的地位和作用

教育部全国中小学计算机教育研究中心王相东教授在《我国中小学计算机学科教学的现状与发展》一文中指出："开设小学计算机课程的目的在于培养小学生学习计算机的兴趣和意识，以及为今后进一步的学习奠定良好的基础。教学应以操作技能的训练和益智游戏为重点，如键盘指法、汉字输入、辅助教学软件的使用、计算机绘图、唱歌、益智游戏等。"并在"关于中小学计算机汉字输入方法"中提道："学习计算机首先要学的是键盘指法，运用正确的指法来击键，提高英文打字的速度，从中灵活双手，促进手'击'、眼'看'、脑'想'的同步发展。"可见对"键盘学习——中英文打字"的有效教学研究，既是时代发展的需要，更是信息技术课程迫切研究的重要内容。

对于计算机操作，键盘指法是一朝学会终身受益的技能。在小学安排键盘指法训练，为提高键盘的熟练操作、自如地使用计算机打下坚实基础。从专职十几年信息技术教学的教师中了解到，通过对数以千计已毕业的学生的调查发现，学生在小学学习信息技术，他们最感谢的不是老师教会他们的电脑使用、电脑作品制作等，而是一手漂亮的键盘指法。在键盘上娴熟地打字，既让他们赢得了同伴的羡慕和青睐，又是给他们在学习、工作上带来了很多优胜的地方。用学生的话说，"标准、娴熟的键盘打字，让我们终身受益"。可见，掌握好键盘操作的这项基本技能对于学生来说意义巨大。

针对上述状况，我认为改变技能教学的现状，优化键盘指法教学，提高

第七章 夯实『双基』：项目学习与技能教学深度融合

信息技术课堂教学质量非常有必要。

三、基于项目学习优化信息技术课堂技能教学的理论依据

开展任何形式的教育科学研究与实践，都离不开相关理论的指导。缺乏理论支撑的教育科研，犹如"无源之水，无本之木"。本研究主要的理论依据有：斯金纳的程序教学理论、情境学习理论、建构主义学习理论等教育理念。以下将简要论述相关理论，并分析其对本研究的启示。

1. 斯金纳的程序教学理论及其启示

（1）理论概述

被誉为"程序教学之父"的美国心理学家伯尔赫斯·弗雷德里克·斯金纳，在多次听课的过程中发现，美国基础教育课堂普遍存在课堂上强化太少，学生的学习行为没有得到及时强化，教学活动缺乏连续的强化方案等问题。因此，他在1953年提出了程序教学理论以解决课堂教学效率低下的问题。程序教学的基本过程是学习程序的呈现过程。实施这种程序首先要把学习材料分解成一系列连续的小步子，每一步都要给学生一个刺激，让学生回答，正确则进入下一步的学习。程序化的教材按小步子逻辑顺序排列，通过显示这些信息，引导学生逐步完成学习目标，教师可以根据学生的能力差异、学习程度确定不同的学习进度。

（2）对优化信息技术课堂技能教学的启示

程序教学在适应学生学习差异方面是一种较为省时省力的现代化教学方式，其基本理念给我们开展"快乐打字"教学研究和实践以深刻的启示。

① 小步子走原则。对于枯燥的打字教学，不能操之过急，必须循序渐进，合理安排学习内容和训练任务，使每个学习单元的内容都能让学生轻松掌握，学生的学习积极性也会提高，而且得到表扬的机会也会增多，增强了学生进一步学习的信心。

② 及时强化原则。如果在学习的过程中不断地及时地得到肯定、认可或表扬，学生则能增强自我效能感，提高学习兴致。久而久之，学生便逐渐形成习惯，爱上某项学习或任务，就像老鼠触碰横杆有食物奖励，人们对玩游戏上瘾一样。因此，在键盘教学中，可以把学习和训练的内容设计为游戏，学生完成一个任务后，立刻得到肯定或奖励，在网络化的学习平台可以是一

句赞美的话或一个虚拟的奖品，让学生保持高涨的学习情绪。

2. 情境学习理论及其启示

（1）理论概述

1989年，认知心理学家布朗、柯林斯和杜吉德发表了题为*Situated Cognition and the Culture of Learning*的文章。在文章中作者明确指出，知识具有情境性，它是活动、背景和文化的部分产物。与此同时，以莱夫和温格为代表的人类学家则从人类学的视角发展了情境认知与情境学习，在《情境学习：合法的边缘性参与》中，作者提出了"实践共同体"的概念，关注实践共同体中的学习，强调人在实践共同体中的建构。

为了解决教学中抽象化与去境脉化的问题，布朗、柯林斯和诺曼等认知心理学家从个体认知的角度提出了情境认知理论，目的在于克服学校里纯粹的"惰性知识"的教学，促使学生实现知识的有效迁移。情境认知理论的基本观点有：第一，知识的意义具有情境性，只有通过运用才能被理解。知识的意义不是一成不变的，而是取决于具体的使用场合和社会文化等因素的影响。第二，知识的意义是个体与环境或社会之间互动的产物。知识不是外部世界的客观存在，也不是个体心理内部的表征，而是个体与周围环境和其他社会个体在相互协调和相互活动的过程中逐渐建构和发展起来的。

莱夫和萨奇曼等人类学家则从意义的文化建构和共同体的参与角度出发，提出了情境学习理论。它关注的不仅是意义的情境性，而是个体身份的建构以及共同体的学习。情境学习理论的基本观点有：第一，知识的意义和个体的身份是在互动中建构的，而且这种建构具有情境性。知识不是一件事情或一组表征，也不是事实和规则的集合，而是个体与社会交互过程中社会性与文化性的建构与组织。个体在互动中，不仅建构知识的意义，而且形成自己在共同体中的位置（即身份）。第二，学习者在共同体中的社会参与是学习的关键。"合法的边缘性参与"是情境学习理论的中心概念。"合法的边缘性参与"是指这样一个事实：由于学习者是新手，他们不可能完全参与所有的共同体活动，而只能作为共同体某些活动的参与者，通过对专家的观察，与专家和同伴的交流、讨论，进行学习。学习要求学习者真正地参与到社会文化实践中。

（2）对优化信息技术课堂技能教学的启示

① 强调活动情境的创设。对于相对枯燥、乏味的键盘学习和打字训练，学习情境的创设是关键。学习任务必须具有真实性、复杂性、结构不良性，尽可能反映实际生活。问题解决不在于寻找唯一的答案，而是鼓励多角度思考，寻求不同的解决方法。评价旨在验证学生解决问题的能力，而不是考试记忆的能力。因此评价必须融入学生解决问题或完成任务的过程，强调动态性。

② 强调学习活动的设计。在情境学习中，学生的主体地位可以通过积极参与活动表现出来。学生可以围绕共同的问题或任务，以合作学习小组或共同体的形式，在相互交流、协商中学习。学生通过表达，形成清晰的知识结构，通过反思问题解决的过程，总结经验和方法。因此，在情境学习的设计中，我们应该创造机会让学生去亲自经历和体验，用自己的心灵去亲自感悟，让学生在亲身体验中理解知识、发展能力。

③强调教师有效的指导。在情境学习中，教师的指导作用是必要的。教师根据学生的认知特点和年龄特征，设计合适的问题或任务，提供丰富的学习资源，搭建"脚手架"，帮助学生一步一步地逼近目标。教师的指导力度要适中，既不可越俎代庖，又不可以放任自流，应该有的放矢，随着学生能力的提高而逐渐减少。

3. 建构主义学习理论及其启示

（1）理论概述

建构主义是在认知主义基础上发展起来的独特的学习观，它认为"学习不应该被看成是对于教师授予知识的被动接受，而是学习者以自身已有的知识和经验为基础，主动的建构活动"。也就是说，学生学习的过程是在教师创设的情境下，借助已有的知识和经验，主动探索，积极交流，从而建立新的认知结构的过程。它主张学习是学生主动建构自己知识经验的过程，是通过新经验与原有知识经验的相互作用而不断充实、丰富和改造自己已有知识经验的过程。它强调学习的主动性、实践性、创造性和社会性，并对学习与教学提出了许多新的见解和思想。

（2）对优化信息技术课堂技能教学的启示

首先，学习是主体进行意义建构的过程。学习作为一种认识是主体能动选择、主动建构的过程，其中心在于学生的"学"。其次，在问题解决中自主学习。它是由师生根据教学内容，联系生活实际提出问题，在教师的指导下为学生提供了一个交流、合作、探索、发展的平台。最后，以合作学习为主要策略。教学是与学生合作共同建构知识，从而形成共享的、学习过程的主动建构。此外，强调探究与创新能力的培养。在教学原则以及各种教学方法中，建构主义一再强调对学生探究与创新能力的培养，把其放在了一个极其重要的位置上，这是建构主义教学理论的闪光点。

第二节　项目学习应用于技能教学的行动研究

　　项目学习应用于技能教学，在具体实施过程中通过行动研究的范式，采用文献法、观察法、访谈法、问卷法、个案研究法、经验总结法等研究方法，在上课、听课、评课的过程中，收集教学研究课的课堂录像记录、听课教师的课堂评语、任课教师的教学小结等观察材料，做好课后分析与评价，形成反思总结。研究经过"计划→行动→观察→反思→调整"五个环节三轮循环，最后，形成技能教学相对成熟的教学策略、教学流程、教学模式。

一、第一轮行动研究

1. 计划

（1）初步确定"技能教学"的教学流程（见图7-1）。

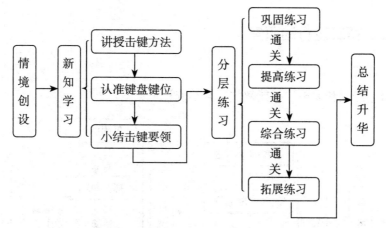

图7-1 第一阶段行动研究"快乐打字"教学流程

（2）完成第一轮研究的研讨课。

（3）对学生进行访谈。

2. 行动

（1）集体研讨：听课前集体备课，听课后组织课题组研究成员进行交流、研讨。

（2）课堂观察：观察学生参与学习活动的投入程度。

（3）个别访谈：选择试验班的好、中、差三个层次的学生进行单独访谈，进一步了解学生对"快乐打字"键盘指法学习的看法和态度。

（4）教学反思：任课教师于每节课后撰写教学反思，评估教学成效。

3. 观察

（1）学生访谈：在开展"快乐打字"教学之初，通过访谈和问卷调查，发现大部分学生对课程学习持新奇的看法，并有进一步学习的意愿。

（2）课堂观察：发现学生参与教学活动的积极性有所提高，但部分学生在打字练习中只片面追求击键速度和正确率，而忽视了规范的指法。

4. 反思

（1）教师对击键方法的讲授欠清晰，考虑增加"视频演示"环节。

（2）学生对键盘键位掌握不够熟，键位感不强，经研究需增加"唱打"环节。

（3）课堂教学的练习量不足，需合理增加练习量，以提高学生对键位的熟练程度。

二、第二轮行动研究

1. 计划

（1）修改和调整"技能教学"教学流程（见图7-2）。

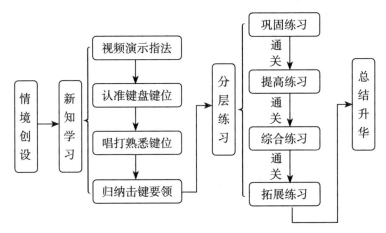

图7-2　第二阶段行动研究"快乐打字"教学流程

（2）增加教学软件中的练习量，设置有一定梯度的练习内容。

（3）观察第二轮研究的研讨课。

（4）对学生进行访谈。

2. 行动

（1）集体研讨：修改教学流程，听课前集体备课，听课后组织研究成员交流研讨。

（2）修改软件：完善课堂配套教学软件。

（3）课堂观察：观察学生参与学习活动的投入程度和学习效果。

（4）个别访谈：了解学生对前一阶段开展"快乐打字"的看法和态度。

（5）教学反思：任课教师进行教学反思，评估教学成效。

3. 观察

（1）课堂观察：经过前一轮的学习，学生已基本熟悉"快乐打字"的教学流程及教学软件的呈现方式，学习的兴趣和热情有所回落。

（2）学生访谈：部分学生对"快乐打字"的新奇感逐渐消失，导致学习兴趣和热情有所减退。

4. 反思

（1）为使前后知识衔接以及更好地为学习本课新知打好基础，考虑增加"复习旧知"环节。

（2）需进一步完善评价机制，引入组间竞争，刺激和扩大组内的协作效应，提高学习效率。

（3）要有效保持学生的学习积极性，进一步调动学生的学习热情，提高学生的学习快乐感，拟引入激励机制，增设积分奖励活动。

三、第三轮行动研究

1. 计划

（1）继续调整"技能教学"教学流程（见图7–3）。

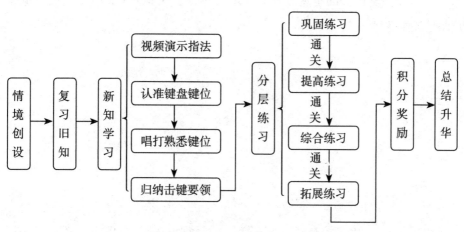

图7–3　第三阶段行动研究"快乐打字"教学流程

（2）总结、提炼"技能教学"教学策略。

（3）完善配套教学软件。

（4）观察第三轮研究的研讨课。

2. 行动

（1）集体研讨：在前一阶段研究的基础上，讨论并制定完善的"快乐打字"教学流程。

（2）完善软件：进一步完善课堂配套教学软件。

（3）课堂观察：观察学生参与学习活动的投入程度和学习效果。

（4）教学反思：任课教师进行教学反思，评估教学成效。

3. 观察

（1）学生基本能以正确的姿势和指法进行击键，在速度和正确率上有了较大的提升，盲打率达百分之五十以上。

（2）通过积分奖励、组间竞争等新增加的环节，有效保持和强化学生的学习兴趣，学生以高度的注意力和高涨的学习热情完成课堂的学习内容，收到很好的教学效果。

4. 反思

（1）需进一步合理分配各教学环节的时间，以达到更佳的教学效果。

（2）为解决前几个阶段研讨课普遍存在的拖堂情况，需要优化分层练习的内容，在不降低练习量的前提下，考虑把四个通关练习合并为三个。

（3）需要从课件的呈现方式、呈现时间、呈现节奏上思考如何进一步提升课堂教学效率。

第三节　项目学习应用于技能教学的设计与实施

在小学信息技术基本技能的学习中，如何有效地进行技能教学，探究有效的教学方法和教学策略，构建适合小学生学习的教学流程或教学模式，提高学生的技能和水平，促进学生信息技术技能和信息素养的提高。下面以键盘学习为例，在项目学习的理念指导下，阐述技能教学的设计与实施。

一、项目学习理念下重构教学内容

我在斯金纳程序教学理论的指导下，遵照理论与实践相结合的原则，由浅入深，循序渐进地安排教学内容，以键盘学习为例，具体编排分为五部分（见图7-4）。

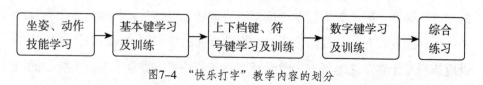

图7-4　"快乐打字"教学内容的划分

在以上五部分内容划分基础上，进一步把"快乐打字"教学划分为13课时（见表7-1）。

表7-1 "快乐打字"课程课时的划分

课时	学习内容	游历城市
第1课时	学习字母键和符号键"ＡＳＬ；"击键方法	广州
第2课时	学习字母键"ＤＦＪＫ"击键方法	中山
第3课时	学习字母键"ＧＨＴＹ"击键方法	珠海
第4课时	学习字母键"ＥＲＵＩ"击键方法	东莞
第5课时	学习字母键"ＱＷＯＰ"击键方法	惠州
第6课时	学习字母键"ＶＢＮＭ"击键方法	揭阳
第7课时	学习字母键和符号键"ＸＣ，．"击键方法	梅州
第8课时	学习字母键和符号键"Ｚ＇＇"击键方法	河源
第9课时	学习上档键"Shift"击键方法	韶关
第10课时	学习符号键"＂＂？"击键方法	肇庆
第11课时	学习数字键"３４７８"击键方法	阳江
第12课时	学习数字键"１２９０"击键方法	湛江
第13课时	学习数字键"５６"击键方法及综合练习	广州

二、项目学习理念下，构建行之有效的教学策略

技能教学中"键盘学习"是信息技术学科的基础知识，"键盘教学"就是让学生熟练地掌握计算机打字。学生掌握得是否牢固，会直接影响今后的学习效果。掌握了计算机打字不仅能够提高学生操作计算机的水平，而且也有利于学生思维的发展。

1. 情境纵贯，寓教于乐，激发学生的学习热情

情境教学法是信息技术学科教学最常用、最有效的方法之一。针对信息技术课程中操作性非常强的打字教学，需要对学生进行重复性的技能训练，而重复性的技能训练往往是比较枯燥的，学生觉得乏味，教师难以调动学生的学习积极性。因此要引起学生的学习兴趣和态度体验，教师就必须有目的地引入和创设具有一定情绪色彩的、生动具体的学习情境或场景。情境的创设应该贯穿于整节课的每一个教学环节，甚至还可以贯穿于整章节教学的始终，这样不仅能让学生自始至终在轻松、愉快的环境和气氛中学习，寓教于

乐，有效激发学生的学习热情，而且情境的纵贯有利于课堂教学的层层深入，环环相扣，不断迁移和转移，使学生产生强烈的"我要学"的信念，并让学生始终觉得"有事"要做，保持积极旺盛的求知情绪。同时还可以为教师下一节课的教学埋下伏笔，使整个打字模块教学内容前后连贯、流畅。

【案例分析】

在指法教学英文打字模块中，以"键盘的认识"→"基本键训练"→"上排键训练"→"下排键训练"→"大小写字母训练"→"符号键训练"→"数字键训练"等划分课时。在整个模块的教学中，设计并开发了以"快乐广东游"为学习背景的打字教学软件。学生每学习一课时的内容，软件便引领学生游历广东的一个城市。每当学生完成了一个任务，便能得到相关城市旅游景点的介绍或某地区的民俗知识，学生在情境中保持着积极旺盛的兴趣。通过这样的学习和练习，学生不但可以熟练掌握键盘键位和指法，还能欣赏和领略广东各地的美景和人文风情，拓宽了视野。

2. 精讲多练，以练为主，提高课堂教学的实效

《中小学信息技术课程指导纲要》指出，中小学信息技术课程的主要任务是培养学生对信息技术的兴趣和意识，让学生了解和掌握信息技术的基本知识和技能。指法训练是一种技能性的训练，技能的掌握需要经过不断练习，才能达到运用自如的地步。教师讲解知识和技能的时间少一点，学生上机训练的时间就会多一点。俗话说，"熟能生巧，巧能生精"，如果键盘教学只注重知识点的讲解，而缺乏对指法操作技能的重复训练，往往会导致部分学生操作技能的下降，进而失去继续学习信息技术的信心。因此，教师在指法教学中对于理论知识的讲解要力求言简意赅，应多给学生操练的机会，精讲多练，以练为主，针对教学重点、难点，让学生在形式多样且具有一定层次、深度和广度的练习中不断锤炼。对于重点的内容，教师在课堂上必须要讲清讲透，对学生学习中模糊的认识、思维的误区、易错的操作，要用清晰、简洁、准确的语言，讲明白、讲透彻，非重点内容则可以略讲。

【案例分析】

对键盘区域的划分、键位的位置这些学生已有感性认识的内容，教师则无须花费大量的时间进行讲解，教师甚至可以引导学生自学教材。而对于手指的分工、功能键的作用、组合键的使用技巧等学生难以掌握或容易忽视的内容，教师就必须做重点的讲解。此外，在重复的指法训练中，想要长时间维持学生的学习兴趣，教则还必须精心设计形式多样的训练。

3. 课程整合，变换形式，拓展学生的学习空间

信息技术课是一门集知识性、应用性、技能性和趣味性于一体的综合性学科。信息技术教学也要充分体现信息技术的应用特点，充分发挥信息技术在生活中的实际利用价值，将信息技术融入生活实践中。在学习的过程中，信息技术作为一种工具和手段，应自然而然渗透到其他学科的学习中；反过来，在信息技术的教学中应尽可能以基础学科的内容为载体，运用并学习信息技术。这两者都体现了信息技术与学科课程整合的理念。

【案例分析】

由指法训练过渡到中英文录入时，教师需要提前掌握本班语文与英语学科的学习进度，要了解学生的拼音和英语水平，要掌握学生对于大小写字母的认读与直呼音节的拼读等情况。在设计练习的时候要善于把英语学科的单词以及语文学科的生字词甚至是整篇课文整合到指法训练中来，使学生在指法训练的同时，既能提高基本技能，又能重温和复习基础学科的知识。

以往许多教师设计指法训练多以学生看词语、看句子打字的形式为主，学生根本不需要思考打字的内容。因此，指法训练练习的设计必须改变以往的训练形式。英文打字的训练，在学生学习完基本键、上排键和下排键后，为了使学生能熟练地掌握26个字母键所在的位置，可以设计"水果拼盘"的训练环节。26个字母分别代表26种常见的水果，并与英语学科中的单词相结合，要求学生记住每种水果名称的英文。字母A表示苹果——apple；字母B表示香蕉——banana；字母C表示樱桃——cherry；字母D表示枣子——date……教师出示水果图片幻灯片，学生就必须正确敲击代表的字母。又如，在中文打字训练中，教师可以通过"成语接龙"等形式的训练："冰天（　　　）→（　　　）天长→（　　　）累月→（　　　）星稀→（　　　）古怪→……"让学生把文字输入到括号内。这样的训练设计把单调的打字练习与英语、语文学科有机地整合起来，让学生在学习中产生共鸣，使学生在头脑中组织词语和语言，逐步学会边想边输入，进一步提高学生输入文字甚至是句子的熟练程度，使学生在指法训练的同时，协同各学科的知识完成具有使用意义的学习任务。

4. "游学"游戏，真实情境，让学生在玩乐中学习

乌申斯基曾说过："没有兴趣的强制性学习，将会扼杀学生探求真理的欲望。"重复训练和保持兴趣是一对很大的矛盾。学生在不断的指法训练中，往往容易产生乏味、疲惫。游戏和竞赛，是体现愉快教学法很好的形式，指法训练中借助健康益智、有趣生动的游戏软件，能有效激发和维持学生参与训练的积极性，让学生在玩乐中提高技能、技巧，熟练掌握指法。

创设真实的情境，把所要学习的内容融于参观游览、情境模拟、角色扮演当中，可听、可看、可动，学生所获得的知识，既源于打字，又不止于打字。这种体验往往比语言描绘对思维的冲击更大，"知""能""情"得到内化，就能转变成刻苦练习、坚持不懈的动力。

【案例分析】

本研究设计了一种类似"游学"游戏的教学课件，以"广东风情游"为主线，把广州、珠海、东莞等十五个城市游览景点，按照亚运火炬传递路线的顺序串联起来，然后把课程教学内容设计成13课。每周一课，带着学生在游览城市的同时进行打字学习。通过每一课的图片、文字、视频等风土人情介绍，传递城市精神，同时呈现并学习新知，每一课的重难点学习都寓于快乐旅途中，让学生在不知不觉中形成并掌握打字技能。并且学生的学习课件也作为自主学习的载体，它集成了图、文、声、像多种元素，在清晰明了的游戏规则指引下，配上生动的"闯关"游戏，在游戏中加入音效，渲染出或静逸、或轻松、或紧张、或激昂的气氛，虚拟出一个自我实现和超越的闯关游戏情境，深深地吸引着学生，让他们乐此不疲。设计中考虑到学生学习能力强弱的差异性，教师可以指定某一关完成几遍，也可以让学生自主选择重复练习的次数，用积累金币的办法激励学生持续练习。鼓励优者"熟能生巧"，帮助弱者强化基础，在反复的练习中，分层达标。这种闯关游戏是勇敢者的体验，它既是对个人的挑战，也有对小组协同的要求，体现出自主、开放的课堂氛围。

5. 面向全体，分层教学，给予学生更大的发展空间

信息技术学科的分层教学，要根据教材要求，针对不同学生的接受能力和学习基础，设计不同层次的教学目标，提出不同层次的学习要求，给予不同层次的辅导。根据学生感兴趣的内容进行教学设计，这是开展教学的主

线。教学主线的设计除了包含基本的知识点外，还要尽可能地包含扩展的知识点。教学主线的设计应该是针对全体学生，其中的教学内容也应该是每一位学生都要求掌握的。但是，在一个班级，总有能力较强的学生。虽然好的教学设计吸引着他们去完成这些教学任务，但作为教师还必须考虑这部分学生的个性发展。因此，在设计好教学主线的基础上，对支线的教学设计，也就是我们平常所说的分层教学设计也要做充分考虑。

【案例分析】

在设计练习时，尤其注意分层设计。针对不同层次的学生，设置打字的时间和难易等级，初学者可以选择时间较长、等级较易的级别进行训练，待熟练后，可挑战时间较短、等级较难的级别。每通过一关的练习，便取得相应的积分，并且每一关可重复练习，累积更多的分数，同时巩固了所学的新知。经过三轮的行动研究，可以把每节课的练习分为三个层次。第一层次：巩固练习，是对本课中新学习的几个键位的击键练习。第二层次：提高练习，对所有学习过的键位的混合练习。第三层次：综合练习，是从机械式训练过渡到"边想边打"的高层次训练，该层次的练习甚至可通过规定时间加以限制，以提高练习的难度。

信息技术课存在一个较大的问题，即学生之间的差异非常大。由于打字教学以重复性的技能训练为主，简单、枯燥的重复机械训练会引起一部分基础相对较好的学生的强烈反感。而如果只考虑有操作基础的学生的学习进度，则又会导致另一部分基础相对薄弱的学生的无所适从，进而导致班级学生打字技能和水平的差异进一步拉大。这就给打字教学提出了更高的要求。因此，在设计指法训练教学环节的过程中，要给予学生较大的空间，对于基础薄弱的学生，可以先进行偏重于看词语、看句子打字的机械式训练，然后再向"边想边打"的高层次训练过渡。对于基础较好的学生，则可以直接进入"需要思考的填字、组词、计算"的高层次训练。

6. 及时评价，多方参与，让学生体验成功与快乐

美国心理学家詹姆士曾说："人最本质的需要是被肯定。"表扬会满足学生的心理需求，使之产生欣慰、幸福的心理体验，从而增强荣誉感、自信心、上进心，提高学习的效率。

以往课堂打字教学中，通常难以顾及不同层次学生的学习情况。个别接受能力强的优秀生，比一般学生较快地完成练习的任务，当然是倍感自豪，越学越好。而大部分非优秀生在每次练习和比赛中总比不上优秀生，以致失去自信心，对打字产生抵触情绪。在学生进行键盘的练习过程中，教师要不断给予学生激励，尤其是对那些"手慢，领悟慢"的学生更要给予更多的关注和鼓励。此外在对学生学业的评价中，要给予学生积极的期望和鼓励，学生和教师相处的心理气氛融洽，学生的心理就会更健康地发展，学生有了积极学习的心态和动力，就能产生良好的教育教学效果。

【案例分析】

为了更好地了解和检测键盘教学的成效，建立促进学生全面发展的评价体系尤为重要。评价不仅是关注学生的学习进度和学习效果，也是了解学生在学习中的需求，发现和发展学生多方面潜能，帮助学生认识自我，建立自信，让他们体现打字的成功喜悦。从学生一开始进行课堂打字训练时，我为每个学生设计了"快乐打字，争做高手"的活动。在课堂上，每个学生只要能按时按质完成一个练习内容，就可以得到一个"胜利完成任务"的红星标志，并把标志贴在显示器上，让小组内的同学和教师知道自己完成练习任务了。若一节课所有的练习都能完成，即可得到一个"打字小高手"的标志，贴在自己的记录表上。而所有学生的记录表都贴在计算机室的"我能，我最棒"的墙报栏上。这一做法，激励了学生打字的兴致，而且成功感会更加坚定他们争做"打字小高手"的信心，同时也让教师对每个学生的学习进度和程度了如指掌，有利于教师的因材施教和安排教学内容的容量。

当学生对打字有了自信，就有了希望超越自我、挑战他人的冲动。为了满足学生的需求，更为打字恒久不衰，需要进一步开发网络版"快乐打字"软件，设置单人提升练习和多人联机竞赛的模式，在游戏中，学生可以选择不同的角色、不同的层次进行训练，每次正确打完一关的练习，便能取得相应的积分，并用积分兑换不同的荣誉，如"一星打字王、二星打字王……"。有了追求的目标，就有持续不断的动力，使学生走出"厌打"的局面，享受"乐打"的成果。

三、项目学习理念下，构建技能教学课的教学流程

在经历"计划→行动→观察→反思→调整"的三轮行动研究过程中，初

步形成了基于项目学习的优化信息技术课技能教学的策略，并进一步完善和构建了相应的教学流程（同图7-3）。

1. 如何处理好技能教学和学科课程整合的关系

键盘练习是一项技能性非常强的训练，在课堂教学中应采取的是"轻讲重练"的策略。同时，"快乐打字"教学设计是以"快乐广东游"为背景的打字技能学习，在教学内容中融入了许多有关广东的自然风光、人文风情、民俗风貌等元素，在有效激发和保持学生学习兴趣的同时，不可避免地挤占了课堂训练的时间，从而导致学生练习量欠充分。因此，需要进一步思考如何回归信息技术学科的本源，优化各教学环节的时间分配，精讲多练，进一步提高课堂教学效益和品质。

2. 如何处理好教学课件的预设与课堂的动态生成之间的关系

本研究根据教学内容设计并开发了"快乐打字"系列教学软件。毋庸置疑，教学课件具有的直观、动态、交互和高效的特点，极大地促进了课堂教学质效的提高。然而，现代教育技术的先进性与教学过程的不确定性，无时无刻不在考验着教师的教学智慧，也考验着教师驾驭现代教学技术的能力。在实际的运用中如何处理好教学中"课件预设"与"课堂生成"之间的矛盾，如何处理好课堂中学生动态生成的问题并把握好教学的契机，既要重视课件，又不盲从课件；既要依托课件，又不被课件所束缚，是今后要进一步研究和解决的问题。

综上所述，基于项目的学习理念下，小学信息技术课优化技能教学的关键在于如何创设生动、活泼、和谐的教学氛围，在教学过程中化枯燥为生动有趣，激发学生的情感，唤起学生学习的自主性、能动性，促使学生快乐地参与学习，既要保证学生得到严谨而有效的训练，又要保证学习过程中的趣味性，使学生在快乐愉悦的环境和氛围中开展键盘学习和指法训练，从而让学生在课堂中享受学习的乐趣和成功的喜悦，有效提高学生的信息素养。

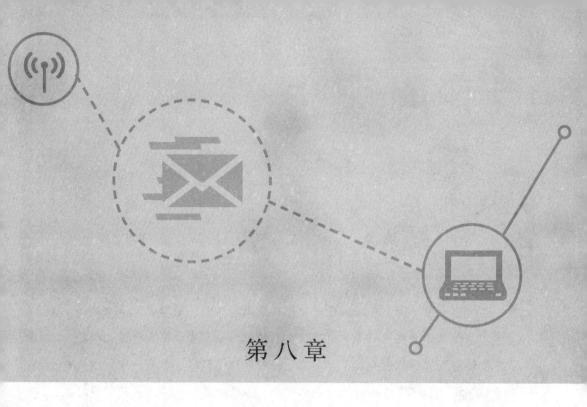

第八章

启迪思维:

项目学习与程序教学深度融合

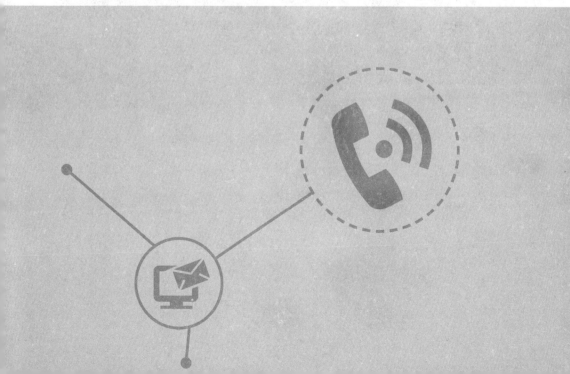

　　把基于项目的学习理念应用于信息技术课程程序教学，笔者立足《中小学信息技术课程指导纲要》中明确要求的"中小学生了解程序设计的基本思想，培养逻辑思维能力"，针对Scratch程序语言简单直观的特点，以目前小学程序设计教学中存在的问题为出发点，以情境认知理论、协作学习理论、活动学习理论等为理论支撑，通过"计划→行动→观察→调整→反思"五个环节三轮循环的行动研究，把项目学习与Scratch程序教学相融合，以项目学习的方式组织和开展课堂教学活动，通过科学合理地创设课堂活动主题，设计具有层次性、开放性的课堂活动项目，并进一步梳理和总结Scratch程序设计的教学策略。项目学习与程序教学相融合，能有效提高程序设计课堂的品质，促进学生计算思维的培养，提升教师的课程领导力。

第一节　对小学信息技术课程程序设计教学现状的反思

中小学的信息技术课程是由计算机课程演变而来的，始于程序设计的教学。随着计算机、网络的快速发展，在过去很长的一段时间，小学信息技术课程几乎已经淡化甚至丢弃程序设计教学，转而追求的是技能训练及应用的学习。但随着计算机应用的快速普及，教育技术专家及广大信息技术教师意识到，信息技术教学不再满足学生的学习需求，对于部分学生来说，不上信息课一样能掌握这些技能，学会这些软件的应用。这就促使一些教师开始思考中小学信息技术课程的本源是什么？程序设计教学在中小学课堂上还存在什么价值与意义？

一、导致小学程序设计课程难以开展的普遍观点和看法

学习程序设计有助于培养学生的逻辑思维能力，有助于发展学生的学习技能，对于创新型人才的培养，这一点毋庸置疑。到底是什么样的原因导致

程序设计成了少数人的"游戏"，在小学阶段形同虚设？根据文献研究，在小学信息技术教学中普遍存在着一些否定小学开设程序设计教学的观点和看法。

观点一：程序设计是为了使人们懂得"计算机能做什么，是怎样工作的"。这句话如果是在20世纪70年代或80年代初讲，还有一定道理，因为那时计算机软件还不是很丰富，使用计算机做很多工作还必须用户自己编程。但在计算机的软硬件功能、数量和质量极大发展的21世纪，还拿来作为学习程序设计的理由，似乎有些过时了。

观点二：由于计算机信息技术的发展，大量的软件涌现，计算机处理各种信息的速度和功能大大提高，一般的应用都有现成的软件，不需要自己编程。因此一些教师认为，计算机学科没有必要学习程序设计，只需要学习计算机操作方法和一些社会上流行的软件就可以了。

观点三：教学目的就是社会需要。程序设计对于小学生而言难以理解，即便小学生在学校学了计算机程序设计，到了初中、高中，甚至到社会上一点也没用，即便工作上用得着，还得重新进行系统地学习。

二、导致小学程序设计课程难以开展的成因分析

1. 传统的程序设计教学模式的影响

过去的计算机课教学，由于各种原因，以BASIC语言教学为主，忽视或根本没有实际操作和应用软件的使用内容，不论是中学还是小学，都是一个模式，因此在一定程度上造成了学非所用的结果。

同时，教师灌输式的教学法依旧常见，旧式的教学方法用在成人身上都有很多弊端，用到小学生身上，更让学生招架不住，学生无法建构起知识的真正意义，导致失去学习的兴趣。

2. 程序语言的制约

程序设计语言对小学生来说难以理解。当前小学信息技术学科的程序设计课程主要以选修课（地校课程）的形式开设，学习的程序语言是Logo。但是Logo已经不能适应现在学生的学习需求。由于语言老旧，功能单一，互动性差，大多数学生对Logo的学习没有兴趣。而另外一些编程语言，如Pascal、Vb、Java等成人化的编程语言，对于小学生来说难学难用。

3. 教材的束缚

当前，在小学阶段，涉及程序设计知识的优秀教材并不多见，现行的教材内容无法很好地体现实用性、知识性和思想性的有机整合，甚至有些教材的内容过于刻板，泛而无趣。

三、对程序设计回归小学信息技术课堂的思考

课程是服务教育的工具，教育诉求决定着课程的本质。而教育诉求，既是为了人的发展，为了人的内在品质的发展，又为了全体学生的素质发展，为了全体学生的"全面发展"。

1. 我国小学信息技术学科课程改革的呼唤

2000年教育部颁发的《中小学信息技术课程指导纲要》中明确要求中小学生"了解程序设计的基本思想，培养逻辑思维能力"。但走进小学的校园，就会发现，对于小学生来说，程序设计仍然是一个很神秘、很让人望而生畏的东西。提起程序设计的教学，信息技术教师就会感到头疼，学生也是缺乏学习兴趣。

《2006—2020年国家信息化发展战略》中提出：在全国中小学普及信息技术教育，建立完善的信息技术基础课程体系，优化课程设置，丰富教学内容，提高师资水平，改善教学效果。推广新型教学模式，实现信息技术与教学过程的有机结合，全面提高素质教育。《国家教育事业第十二个五年规划》中规定：提高学生的信息化学习与生存能力，加强各级各类学校信息技术教学，使学生学会信息技术自主学习。这些政策纲领性的文件，都明确地提出了要完善信息技术基础课程体系的建设，为小学信息技术教学的改革提供了的依据。

2009年广东省颁布的《广东省义务教育信息技术课程纲要》明确规定，"计算机程序的简单应用"是小学教学内容的一个模块。认识一种有趣易学的计算机程序语言及其简单应用，体验用计算机程序语言编写、调试、运行程序的过程和方法。

2012年，中国教育技术协会信息技术教育专业委员会推出的民间版《基础教育信息技术课程标准》，对基础教育阶段的信息技术课程进行了整体的设计，是下一步全国各地以地方课程的形式推动信息技术课程建设的参照，

也是未来国家层面进行信息技术课程一体化设计的重要参照。标准中也规定了程序设计应作为小学信息技术课程的一个教学模块，小学生应学会"使用简单易学的程序语言（如Logo）编制简单的程序或解决简单问题。初步感受利用程序解决问题的一般过程"。

教育部发布的《普通高中信息技术课程标准（2017年版）》课程目标指出：课程通过提供技术多样、资源丰富的数字化环境，帮助学生掌握数据、算法、信息系统、信息社会等学科大概念，了解信息系统的基本原理，认识信息系统在人类生产与生活中的重要价值，学会运用计算思维识别与分析问题，抽象、建模和设计系统性解决方案，理解信息社会特征，自觉遵循信息社会规范，在数字化学习与创新过程中形成对人与世界的多元理解力，负责、有效地参与到社会共同体中，成为数字化时代的合格中国公民。新版课标的发布是我国信息技术课程建设的一件意义重大的事件，该标准不仅对普通高中的信息技术课程产生深远的影响，也会对义务教育信息技术课程建设产生举足轻重的影响。

义务教育信息技术学科的课程标准一直以来是依附在综合实践活动学科下的。《义务教育综合实践活动课程标准（2017年版）》的课程目标中提到："学会运用信息技术，设计并制作有一定创意的数字作品。运用常见、简单的信息技术解决实际问题，服务于学习和生活。"在课标"设计制作活动（信息技术）推荐主题及其说明"中的活动主题，便有"趣味编程入门"和"程序世界中的多彩花园"两个大主题，其中有通过程序设计学习，了解所学语言编程的基本思路，理解所学编程语言中程序设计的基本结构，掌握编程的方法和步骤，编写出简单的程序。通过学习简单的编程语言，初步树立计算思维的信息素养，为中高年级程序语言的学习打好基础。利用建模的思想，使用程序编写的方式绘制各种图案，结合其他工具制作出明信片或者填色书，让不同的学生进行手工填色，完成各种各样的精彩图画。体会程序设计在美术制作领域中的作用，体会技术和艺术之间取长补短的关系，提升审美素养。

有关全国、全省的政策性文件，无一例外地把程序设计教学作为了小学信息技术课程的内容。"初步了解计算机程序设计的一些简单的知识"的这项目标要求，对全国、全省各地小学信息技术课程开设程序设计课提供了一种灵活的思路。

2. 计算思维能力培养的需要

信息技术教育如果仅仅是培养中小学生的动手技能、知识识记，那么这可能就是信息技术教育失败的根源。信息技术课程重点培养学生的信息素养，不是培养鹦鹉学舌的模仿者，而是培养能够独立思考的创造者。现今国际竞争日益激烈，培养具有创新能力的人才是重中之重，而创新能力的培养关键是思维的训练。程序思维方法是分析问题、解决问题的重要方法，是与传统数学、物理学等运用公理系统进行的演绎思维训练相平行的另一种重要的思维训练。程序设计教学的目的并不是要把学生培养成一名编程高手，或一名程序员，而是通过学习并动手编写简单的程序，训练学生分析问题和解决问题的能力，逐步学会思考问题、分析问题和解决问题的思维方法。小学生思维、智力正在逐步成熟，尽早学习程序设计既能培养学生的思维，又可减少进一步学习的障碍。

在信息技术学科的不断演进过程中，许多小学信息技术课堂呈现出教学内容"简单化"，"能力培养"简化为"步骤学习"，教师过分倚重"技术操练式"的教学方法。学生对计算学科的认识淡化，不利于计算技术中最重要的核心思想与方法的掌握。这种"唯技术论""狭义工具论"的偏向，引起了国内外许多学者的反思。

2006年，计算机科学家周以真教授首先提出了"计算思维"的概念，提出计算思维是运用计算机科学的基础概念进行问题求解、系统设计以及人类行为理解等涵盖计算机科学之广度的一系列思维活动。"计算思维"的提出得到了美国教育界和科学界的广泛支持。计算思维的提出反映了学者们希望克服"狭义工具论"的束缚，打破当下信息技术教学简单模仿之弊端，是对信息技术学科价值的重新思考。

3. Scratch程序语言为小学信息技术程序设计教学提供新的视觉

Scratch语言是由美国麻省理工学院开发并于2007年发布的、专为8岁以上的儿童设计的，它是一门图形化编程语（见图8–1）。该语言的优点是：易于操作，激发创新。该语言简单直观，不需要像传统编程软件那样逐行编写代码和语句，以"搭积木"的方式通过拖曳定义好的编程模块，快速地实现程序的编写，很好地避免了命令输入错误而带来的编程困扰，大大降低了程序设计学习的门槛（见图8–2）。同时，该语言注重实践，培养能力。Scratch语言提供"可视化"的程序语言，所见即所得，并支持多媒体的导入，可以轻松创作包括舞蹈、音乐、故事、游戏、交互、模拟实验等不同领域的多媒体作品，非常适合小学生通过实验的方式理解编程思想。因此，Scratch语言是小学信息技术开展程序教学的理想的语言，Scratch语言现已风靡世界，在包括美国、英国等国家，以及中国的台湾和香港等地区的中小学的课堂上开展教学。

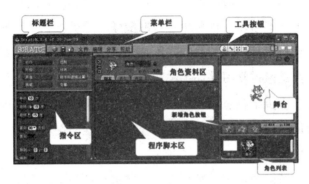

图8-1　Scratch的界面和窗口

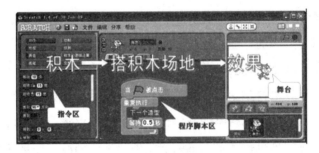

图8-2　Scratch"搭积木"式的代码编写

4. 信息技术课程发展的迫切需求

近年来，全国各地纷纷对小学信息技术教材进行修订和改版，把以往单一关注技术的应用，唯技术论的课程目标，向关注学科思维、学科思想方法的培养的多元目标转变。因此，全国各地小学信息技术学科纷纷对原有的教学内容做了大幅度的调整。许多地方性教材重新把程序设计纳入教学内容。例如，广州市小学信息技术学科教材便把Scratch程序语言纳入教材。

综上所述，基于学科的需求、课程的发展、思维的培养、新程序软件的出现等，程序设计教学在小学阶段的普及是大势所趋。

第二节　Scratch教学研究的现状分析和相关理论

通过文献法、抽样和内容分析，对国内外有关"中小学""Scratch"的相关文献进行分析。通过对相关信息内容进行归类整理，发现相关研究中存在的问题和不足，拟在借鉴国内外研究成果的基础上开展本研究。

一、国外小学Scratch研究的现状

美国麻省理工学院媒体实验室研制的电脑编程语言Scratch，现在已经进入世界各地的教室和家庭，正在迅速成为儿童和成年人游戏与学习的方式。

美国目前有数以百万的中小学生在学习Scratch课程，甚至连哈佛、加州大学伯克利分校这样的世界名校也都开设了Scratch课程。

英国希望学生再也不用听无聊的教师讲怎么使用Word和Excel，他们希望学生在11岁就能用Scratch语言做出简单的2D计算机动画，在16岁能对形式逻

辑有所理解，他们希望信息技术课程能给更多的学生带来创作和创新的空间。

当前，国外中小学的Scratch研究主要在以下三个方面：

第一，用于辅助8岁以上的孩子学习程序设计，目的不是培养少年程序员，而是孩子们可以通过Scratch表达自己的思想，帮助孩子们发展学习技能、学习创造性思维，以及学习集体合作。

第二，加强孩子们对程序设计流程的认识，从小培养对于程序设计的兴趣。

第三，为初步接触程序设计的孩子创设一个易学、形象的编程环境。

由此可见，国外对Scratch语言的实践研究较丰富而且深入，但把程序语言应用于中小学课堂教学的研究和探讨较少，只是针对8～18岁的学生在课后活动中的计算机俱乐部里的程序设计学习，并做实验研究。

二、国内小学Scratch研究的现状

（一）台湾地区小学Scratch研究的现状

台湾中小学引入Scratch程序语言教学的时间比较早，2007年Scratch正式发行，台湾中小学的推广于次年便展开。推广基本上是由各级学校通过正式的课程使学生接触到各类Scratch的编程活动与学习。各县市教育网络中心陆续举办Scratch教师研习工作坊与研讨会活动。2011年S4A（Scratch for Arduino）教师社群成立，该社群乃是研究如何应用Scratch连接外部传感器，制作出具有教育意义的Scratch专案。由此，Scratch在台湾中小学信息教育中得到广泛开展可见一斑。

从2009年起台湾的以Scratch为主题的期刊论文、硕博士论文的发表量逐渐增加，至目前为止，在台湾的硕博士论文库共检索到15篇论文，研究对象主要为小学五、六年级的学生，大致上可以分成两大研究主题。

一类是Scratch作为程序设计教学工具。主要研究Scratch对于信息素养内涵的增进，包括对于逻辑思考、问题解决、后设认知、创造力等能力的影响，以及评估以不同教学方法进行Scratch程序教学的成效差异，应用的教学方法有同侪教学法、创造思考法与探究式教法等。

另一类是Scratch融入学科学习。研究以专案制作的方式为学生提供一

个探索学科知识的场域，融入的学科包含自然领域、对外汉语教学、数学等。

这两类研究主题都能得到正向的研究成果，显示了Scratch可以增进学生的信息素养，当融入学科教学时，能够增进学生的学习成效，并且能正向地提升学生的学习动机。

（二）香港特别行政区小学Scratch研究的现状

香港特别行政区与台湾同期于2008年把Scratch语言引入中小学，推行"LEAD创意科艺教室"计划，锐意为青少年推介优质的科技创作工具，使学习过程不再艰涩，而是变得简单、有趣。因此特邀请美国麻省理工学院媒体实验室的Scratch团队成员亲自来港，为教师及青年工作者提供训练活动，使他们成为Scratch导师，于学校及青协之"青年空间"推展有关项目。由于早期版本的Scratch功能较少，加上尚未提供中文的操作接口，因此采用的学校多为英语水平较佳的中小学校，其中又以中学居多。然而，很多学校在推行软件教学上的思维以及教师的教学模式，在相当程度上仍然保持传统的观念，故此他们大都选择在信息科技类别的学科中，安排课时专门教授Scratch，在内容方面则以讲解软件的功能为主，模式与学习其他计算机软件并无太大区别。这样一来，不仅大幅地削弱了学生对Scratch的学习热情，也局限了提升学生创意的效果。

有鉴于此，LEAD逐渐以"协作分享、不断创新、共同进步"作为核心思想，并通过多方面的工作，在随后数年不断着力，推动学校以创新的方式进行Scratch教学。其在课堂教学上的成功经验体现在以下两点。

第一，加强Scratch学习主题的多样化及灵活性。自主开发出多种不同主题和编写一定难度的Scratch作品模板，如互动游戏和动画等，并以作品主导的方向，设计单元式的教学活动，在学校及地区的青少年服务单位推行。青少年只需针对性地学习一些关键功能的编程技巧，便能在很短的时间内创作出完整的Scratch作品。

第二，Scratch课堂教学活动主要由三个环节组成，分别是技巧学习、个人创作及作品分享，各环节所占时间相若，其重要性亦然。在活动过程中，也会以互动有趣的方式，让青少年主动探索，促使他们在设计过程中开发更多创作，在动手创作中提升其能力，并通过上传作品至Scratch官方网站，与别人分享其中的设计概念。

（三）内地小学Scratch研究的现状

在内地的发达城市（如武汉、广州、常州等）已经有极个别小学开始开设Scratch程序语言的课堂教学，但对其教学实践研究非常少。在内地，文献的主要来源是CNKI中国期刊网（知网）"期刊库""硕博论文库"。我以"篇名"为检索范围，分别以"小学""程序设计""Scratch"为检索词，对文章进行逐一检查后，剔除了其中与本研究相关度不大的3篇文章，在2013年8月第一次在中国期刊网中共找到了26篇相关的文章，2018年9月第二次文献搜索找到227篇。全部为2010年以后所发表（见图8-3）。

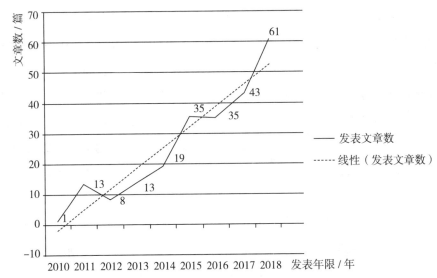

图8-3　中小学Scratch程序语言教学研究论文发表情况统计（2010.1—2018.9）

1. 具有影响力的学者研究成果

华南师范大学附属小学吴向东和王继华老师、华中师范大学附属小学毛爱萍老师的儿童数字文化创作课程：强调把计算思维作为儿童数字文化创作课程的核心之一，立足于让学生表达自己的思想，内容包括数字艺术、协作共创、程序与控制。提出了"为创作而教"的教学目标和流程，同时还出版了《Scratch创意动画设计》的教材。

常州市天宁区教研室教研员管雪沨老师主要从事Scratch课程内容的开发研究。其以"小学信息技术趣味编程课程开发"为课题，以活动设计的形式编写教材，渗透程序设计思想，并开发了常州市天宁区的区本课程，目前已经出版四本《Scratch趣味课程》教材。

浙江温州的谢作如老师主要从事Scratch语言代码的技术研究，他发现支持传感器（Pico-Boards）和乐高wedo系列机器人产品，写出了Arduino for Scratch代码，编写了《互动媒体技术》校本教材，指导学生完成的《感知外界环境的风景画》《可编程显示器支架》等创意设计获奖并申报专利。

北京师范大学的项华副教授带领的研究团队从事Scratch语言的课程整合研究，成功申报北京市"十一五"教育科学规划课题"数字科学家计划：基于数据探究的物理选修课程建设与研究"，该课题将Scratch作为数据探究工具，将传感器引入互动多媒体，并在北京景山学校和北京一○一中学等学校展开试验。

上海师范大学杨丽莎的研究聚焦在Scratch项目学习的教学评价，她以上海市长宁区某小学的Scratch课程为例开展行动研究，借鉴哈佛大学推出的Scratch教程《创意计算课程指南》，提出项目式编程教学模式，整体考量学习者的计算素养，以此进一步分析影响学习者计算思维能力的因素。

信息技术应用能力提升工程培训专家曾召文老师的研究侧重于学科整合，他认为在小学阶段开展STEM教育，Scratch是一个不错的选择，可以用它开发多学科学习案例。如小学数学计算题闯关游戏设计，语文课堂运用动画功能制作数字故事，科学课堂演示灯泡随电流变化的效果，音乐课堂弹奏出特色音符等，还可以与乐高积木配合开展机器人教学。Scratch弱化了程序代码的书写，积木式的程序块让特效设置更方便，交互更简单，同时角色造型设计采用GIF动画形式更容易让学生理解，语音支持现场录制。

内地这些学者通过3～5年的时间，对Scratch程序语言的教学有了一定的认识和体会，认同Scratch在发展学生能力和思维方面的积极作用。他们的观点可以归纳为：

（1）Scratch深入信息技术学科课程教学，能有效提高学生信息素养。Scratch与PPT都可以作为表达工具，因此结合具体学科教学内容和教学过程，提高学生的Scratch表达能力，对于提高学生信息素养具有重要意义。例如，在理科教学中，可以着力探讨基于Scratch的数据挖掘和数据探究的教学模式。

（2）Scratch的学习有助于提升学生的创新能力。Scratch为学生提供了一个开放的创作平台。丰富的对象、卡通的造型、丰富的色彩、多样的指令、丰富的交互，自然启发了学生的想象。学生不仅会主动灵活地运用已有知识去创作，更重要的是他们能够有机会去思考、去表达、去创新，让学生在设计与思维间不断寻求平衡与挑战。

（3）Scratch的学习要注重方法。Scratch教学充分考虑学生的认知规律与特点，选择恰当的教学方法，在教学中要注重对学生解决问题方法与策略的培养。

2. 内地研究呈现的状况和特点

（1）教学研究起步时间较晚。相对于港台地区，内地中小学引入Scratch的教学研究起步时间还是比较晚，基本是从2010年开始的，从期刊网查阅的相关文章发表也是从2010年开始的，而且前期的文章主要是以程序语言的宣传介绍为主，到2012年才开始有了教学实践研究的论文。

（2）Scratch研究的发展迅速。从2013年8月第一次文献搜索，得到仅仅26篇文章，到2018年9月第二次文献搜索，得到了227篇，几乎增长了7倍多。从研究者所在的地域上看，内地中小学对Scratch教学的开设也已从沿海发达地区逐步扩展到中西部地区，证明Scratch已逐渐走入内地中小学信息技术课堂，并得到了一定的发展。

（3）教学研究在全国范围内呈零星分布。在内地只有武汉、广州、北京、重庆等少部分发达地区的极个别教师出于对Scratch的兴趣和热衷，在校内推行校本课程的教学或兴趣活动。目前，能在一定区域内普及并开展Scratch教学的只有常州市，在区教研员管雪沨老师的推动下，开发并使用区本教材。广州市于2012年改版教材，2012年出版了第一册。在市教研员钟咏梅的组织下，第二册有关Scratch程序语言的教材通过省教材审查委员会的审批，并于2013年8月在全市范围内统一发行和使用。

（4）Scratch研究涉及的范畴比较广。从发表文章的主题和关键词看，内地对Scratch研究涉及的范畴比较广，主要包括："计算思维""教学设计""教学模式""教学案例""游戏设计""脚本设计""核心素养"等多个方面，并呈现从"教学设计""教学案例"的研究到"教与学方式""思维培养"研究的转变，甚至还有关注信息技术学科教学前沿的"翻转课堂""STEM教学"等。

（5）有影响力的教学研究成果凤毛麟角。根据文献分析，对程序语言的宣传介绍及课程内容、教学内容研究的较多，均各占论文发表总数的38.46%，教学实践研究的较少，只占15.39%，极具推广价值、相对成熟的教学经验、教学策略、教学模式更寥寥无几（见图8-4）。其中，在教学研究上具有一定影响力的是华南师范大学附属小学吴向东和王继华老师、华中师范大学附属小学毛爱萍老师的儿童数字文化创作课程。但是，由于他们所在的学校均为师大附小，属于部省属高校的附属小学，从学校基础、硬件、文化、师资、生情等角度看，把儿童文化课程引入Scratch程序语言教学的经验，在普通小学的推广和应用具有一定的难度。

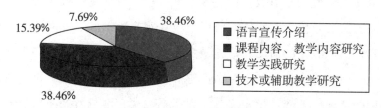

图8-4　中小学Scratch程序语言教学研究论文发表情况统计

（6）"Scratch"与"项目学习"相结合的研究仍然较少。根据知网的搜索，"Scratch"与"项目学习"相结合的文章仅有3篇：上海师范大学杨丽莎的硕士论文《小学Scratch项目活动教学与评价》、曾召文老师在《中小学信息技术教育》杂志上发表的论文《STEM教育视野下信息技术学科项目化活动设计与思考——用Scratch设计和开发小学数学计算题闯关游戏》、本课题负责人阮铭健老师在《教育观察》杂志上发表的文章《小学信息技术Scratch教学的课堂活动项目设计思路探析——以"岭南民俗体育"为例》。

三、国内外研究的启示

在文献研究的基础上，通过对研究现状的调研，可以得出：目前Scratch在小学开展教学对学生能力、思维、素养方面的培养具有的积极作用已达成一定的共识。但是，小学Scratch教学目前还是个新生事物，立足课堂教学的研究并不多见，且面临着一些问题，如缺少合适的教材；教师既是教学者，又是教学资源的开发者；没有形成相对成熟、具有推广价值的教学方法、教学策略或教学模式；等等。所以，迫切需要教师在教学中运用新的理念和方法，探索出一条适合学生发展需求的Scratch语言程序设计教学之路。

四、项目学习应用于Scratch教学的相关学术思想

1. 情境教学法

教学"情境"是学生学习活动赖以持续的条件，包括支撑学生学习过程的物质条件（硬件和软件资源）和教学模式、教学策略、学习氛围、人际关系等非物质条件。

（1）基本观点

"一切知识都是从感官开始的。"学习是一种文化适应，需要在一定的情境或文化中发生才有效。情境教学是目前比较常见的教学方法，教师利用传统的方法或是借助多媒体手段创设或真实或虚拟的情境来帮助学生理解学习内容。情境教学的概念，首先是由布朗、杜吉德等人在1989年一篇名为《情境认知与学习文化》的论文中提出的。他们认为："知识只有在它们产生及应用的情境中才能产生意义。知识绝不能从它本身所处的环境中孤立出来，学习知识的最好方法就是在情境中进行。"关于情境教学有各种不同的表述："情境教学就是运用具体生动的场景，以激起学生主动的学习兴趣，提高学习效率的一种教学方法。"情境教学是指创设含有真实事件或真实问题的情境，学生在探究事件或解决问题的过程中自主地理解知识、建构意义。"情境教学就是创设典型场景，激起儿童热烈的情绪，把情感活动和认知活动结合起来的一种教学模式。""所谓情境教学，指的是在教学过程中为了达到既定的教学目的，从教学需要出发，制造或创设与教学内容相适应的场景或氛围，引起学生的情感体验，帮助学生迅速而正确地理解教学内容，促进他们的心理机能全面和谐发展。"综上所述，情境教学是教师为激发学生的学习兴趣，帮助学生能更快地理解学习内容，在教学过程中为学生创设情境（真实情境和虚拟情境）而进行的教学活动。情境教学的基本操作程序：创设情境，情境导入；感受情境，情境探究；情境迁移，回归知识。

（2）对项目学习应用于Scratch教学的启示

情境教学对本课题的启示是：教师在教学中应该帮助学生建立特定的物理或社会情境，并让学生在具体情境中开展文化学习和实践，亲自识别需要

解决的学习问题。尤其在抽象的程序教学中，情境教学便显得十分重要。

2. 协作学习理论

美国教育学者嘎斯基博士认为，协作学习从本质上讲是一种教学形式，它要求学生在一些由2～6人组成的异质小组中一起从事学习活动，共同完成教师分配的学习任务。在每个小组中，学生通常从事于各种需要合作和互助的学习活动。

（1）基本观点

美国约翰斯·霍普金斯大学的斯来文教授作为协作学习的重要代表人物曾经提出：协作学习是指学生在小组中进行一系列学习活动，并依据整个小组的成绩获取奖励或认可的课堂教学技术。

明尼苏达大学"协作学习中心"（Cooperative Learning Center）的约翰逊兄弟认为：协作学习就是在教学上运用小组，使学生共同活动，以最大限度地促进他们自己以及他人的学习。

北京师范大学的黄荣怀教授在前人研究的基础上对协作学习进行了重新定义：协作学习是学生以小组形式参与，为达到共同学习的目标，在一定的激励机制下最大化地个人和他人习得成果，而合作互助的一切相关行为。

协作学习是一种通过小组或团队的形式组织学生协作完成某种既定学习任务的教学形式。在协作学习过程中，学生之间以融洽的关系、相互合作的态度，对同一问题运用多种不同观点进行观察、比较、分析和综合。其中，个人学习的成功与他人的成功密不可分，学生共享信息和资源，共同担负学习责任，共同享受成功的喜悦。本研究中Scratch程序设计教学模式中，学生在练习设计Scratch作品后可以上传自己的作品到Scratch教学辅助平台，通过分享交流提高学生的自我认可感和学习的兴趣。协作学习具有非常浓厚的心理学渊源，建立在现代社会心理学和认知心理学的理论基础之上，通过把心理学理论和教学实践进行有机结合，在教师的指导帮助下，使学生理解和把握合作学习的方法与流程，从而更加高效地实现教学目标。

（2）对项目学习应用于Scratch教学的启示

协作学习对本课题的启示是：让学生以小组的形式，围绕共同的学习目标，在一定的激励机制下开展学习，有利于建立和谐友爱的课堂环境，还有利于充分调动学生的学习主动性，从而提升教学质量。在Scratch项目学习中，以小组为单位的协作学习更能提高课堂学习效率。

3. 活动教学理论

活动理论主要发源于20世纪30年代的苏联历史心理学理论，以维果茨基为代表。为数众多的学者对活动理论的发展做出了贡献。活动理论经历了三代发展，基本形成了比较完整的理论体系，研究在特定文化历史背景下人的活动。

（1）基本观点

活动教学理论强调活动与意识相统一，并提出了工具中介思想与理论，探讨了活动的概念、结构与意义，其中活动包括外部的实践活动和内部的心理活动，二者相互转化。也就是说，在活动中，发生着客体向它的主观映像的转化，即内化，也实现着主题心理映像向客观产品的转化，即外化。皮亚杰是第二代活动理论的重要贡献者，他从发生认识论的视觉出发，把活动看成是主客体间的相互作用，这种交互作用就是活动。只是经常与活动或运算联系在一起，即同转化联系在一起。第三代活动理论的贡献者是以恩格斯托姆为代表的西方学者，提出了学习共同体、高级学习网络、矛盾驱动、最近发展区等概念，并以相互作用的活动系统为分析单位，形成相对完整的活动分析理论框架，即交互性活动系统模型。

（2）对项目学习应用于Scratch教学的启示

活动教学理论对本课题的启示是：教学系统可以看作是一个师生之间有组织的共同活动的序列。构成学习活动的主要成分包括：学习目标、活动任务、交互过程、学习成果、学习资源和工具等，与教学目标构成直接因果关系的是学习活动中的活动任务，活动的其他成分围绕活动任务展开。Scratch教学以活动项目的方式组织课堂教学，并向学生提供各种各样的学习活动，让学生在活动中与现实世界开展互动。

第三节　项目学习应用于Scratch教学的行动研究

一、第一轮行动研究

1. 计划

（1）初步确定"Scratch项目学习"的教学流程（见图8-5）。

（2）对广州市级教材进行二次开发，初步确定"Scratch项目学习"课堂活动项目的主题。

（3）完成第一轮行动研究的课题研讨课。

（4）课堂观摩，并在课后对学生进行访谈。

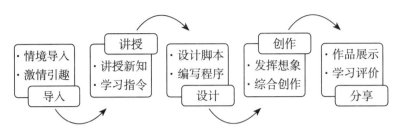

图8-5　第一轮行动研究Scratch项目学习课堂教学流程设计

2. 行动

（1）集体研讨：听课前集体备课，听课后组织课题组成员交流、研讨，针对课题开展反思。

（2）课堂观察：观察学生参与学习活动的投入程度，并了解学生通过学习对知识与能力的掌握情况。

（3）个别访谈：选择试验班的不同层次的学生进行单独访谈，进一步了解学生对"Scratch项目学习"的看法和态度。

（4）教学反思：任课教师于每节课后撰写教学反思，评估教学成效。

3. 观察

（1）学生访谈：在开展"Scratch项目学习"之初，通过学生访谈和问卷调查，发现大部分学生对Scratch课程的学习持新奇看法，并有进一步学习的意愿和热情。

（2）课堂观察：发现学生参与教学活动的积极性有一定提高。但是，课堂教学仍存在一定问题：①部分学生对项目学习的形式有待进一步熟悉，暂时未能完全跟上教师的教学节奏，完成作品的进度较慢；②部分学生对程序与指令的理解有待进一步消化，未能真正理解Scratch的程序和指令，知其然而不知所以然，对新知被动接受，仍处于模仿的"依葫芦画瓢"阶段，当教师变换练习的形式，学生则无所适从，难以举一反三，实现知识迁移。

4. 反思

（1）在Scratch合作学习中进行分组时，教师要了解学生的知识水平，合理分组，教师要有效指导，保证每一位学生在合作学习过程中有事可做，要给予学困生更多的关注和辅导。

（2）学生完成课堂作品后，需要对其进行课堂表现性评价。需进一步完善评价机制，引入组间竞争，刺激和扩大组内的协作效应，提高学习效率，因此要建立完善的课题评价体系。

（3）Scratch教学要避免陷入"狭义工具论"的层面，程序教学要注重引导学生回归对程序结构的理解，当然，针对小学生的年龄特点，关于程序设计的"顺序""循环""选择"三种基本结构，教师教学中不一定要跟学生详细地讲解概念，但是关于程序指令集中的逻辑、程序设计中体现问题解决的思想方法，我们觉得是非常有必要让学生认识和理解的。教师既要让抽象的语句通俗易懂，又能让学生初步感知和体验信息技术学科的课程思想。因此，在学生探究过程中，教师要让学生清晰理解程序的思路和逻辑，向学生提供必要的导学策略是非常重要的。

在程序设计教学中，合理的导学策略体现在"程序流程图的讲解"要讲通讲透，教师要把指令集与流程图结合在一起，对照讲解，便于学生理解（见图8-6）。

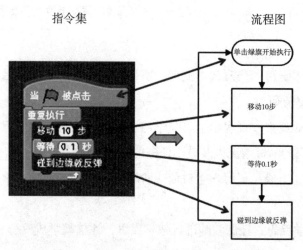

图8-6　Scratch程序中指令集与流程图的对照

对学生学习编程过程中存在的问题，在结构化编程思想的基础上，将流程图应用于程序设计语言教学之中。实践证明，这种方式有助于学生理解程序设计语言中的基本控制流程，掌握自上向下的设计方法，提高分析问题、解决问题的能力。因此，小学程序设计教学流程图的使用是一种非常实用和有效的导学策略。

二、第二轮行动研究

1. 计划

（1）修改和调整"Scratch项目学习"教学流程（见图8-7）。

（2）把第一轮行动研究过程中发现的问题加以改进。

（3）观察第二轮研究的研讨课，观察项目学习在Scratch教学实践过程中的应用效果。

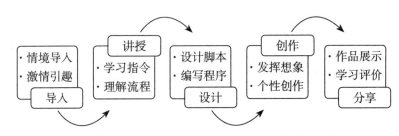

图8-7　第二轮行动研究Scratch项目学习课堂教学流程设计

2. 行动

（1）集体研讨：修改教学流程，听课前集体备课，听课后组织课题组研究成员进行交流研讨。

（2）课堂观察：观察学生参与学习活动的投入程度和学习效果，尤其关注学生对知识的掌握情况以及教学任务的完成情况。

（3）个别访谈：了解学生对前一阶段开展"Scratch项目学习"的看法和态度。

（4）教学反思：任课教师进行教学反思，评估教学成效。

3. 观察

（1）课堂观察：经过本轮的实践，课堂效果比第一轮行动研究要好，学生已基本熟悉"Scratch项目学习"的教学流程及教学活动的组织和呈现方式，大部分学生都能跟上课堂的节奏，也能基本完成课堂教学任务和练习。但是，课堂还存在一定的问题：①教师讲授相对过多，在某种程度上挤压了学生探究和上机操作的时间；②部分学生对半开放、开放式的练习存在一定的困难，综合运用Scratch去解决实际问题的能力有待进一步提高；③经过一段时间的学习，学生逐渐出现两极分化的现象，尤其在小组合作过程中，能力较强的学生表现突出，完成练习速度快，能力相对较弱的学生则仍难以跟上学习进度，并得不到有效的帮助与指导。

（2）学生访谈：在课后访谈过程中，也发现学生出现分化情况。一部分学生反映自己在遇到问题时会自己想办法解决问题；一部分学生能借助老师或同伴的帮助解决问题；一小部分学生要完全依赖老师或同伴，解决问题的积极性不高或不愿意独立思考，只希望直接获取解决问题的方法。

4. 反思

（1）灵活运用教学策略和方法——范例研习。如果教师教学从语句的基本格式出发，先详细讲解语句的含义和用法，然后举例说明，最后回归项目学习（见图8-8），这种过程不利于学生学习兴趣的激发，学习枯燥乏味。

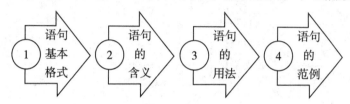

图8-8　传统的程序教学流程

课题组认为，程序设计学习开始时，为学生提供一个需要解决的生活中的具体项目，分析解决这个项目的"程序"，接着引导学生取其中的指令，得到一组"指令集"，再把"指令集"应用于类似项目或问题的解决，这样更符合学生的认知规律。因此，范例研习可有效解决这个问题，即呈现范例→分析程序→抽取指令→获得指令集→解决问题的过程，这就是"问题求解"的过程，是具体—抽象—自动化的思维过程（见图8-9）。

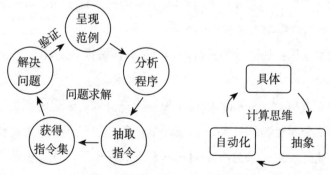

图8-9　Scratch程序设计范例研习教学流程及思维过程

（2）改变以教师讲授为主的教学方式，帮助学生搭建学习支架。既要适当减少教师讲授的比重，把课堂还于学生探究与实践，又要提升学生对程序指令的理解，教师要着力于帮助学生搭建学习支架，如搭建范例支架，加深学生对程序设计思路的理解；搭建问题支架，充分激发学生的探究欲望；搭建工具支架，为学生提供多元的学习资源，拓宽学习渠道。

三、第三轮行动研究

1. 计划

（1）继续完善"Scratch项目学习"教学流程（见图8-10）。

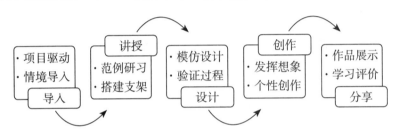

图8-10　第三轮行动研究Scratch项目学习课堂教学流程设计

（2）总结、提炼"Scratch项目学习"教学策略。

（3）观察第三轮研究的研讨课，进一步观察项目学习在教学实践过程中的应用效果。

2. 行动

（1）集体研讨：在前一阶段研究的基础上，讨论并制定完善的"Scratch项目学习"教学流程。

（2）课堂观察：观察学生参与学习活动的投入程度和学习效果，尤其关注后进生在小组合作学习过程中的情况。

（3）教学反思：任课教师进行教学反思，评估教学成效。

3. 观察

（1）课堂观察："Scratch项目学习"能充分调动学生的积极性，活跃课堂气氛，大部分学生都能按要求完成课堂任务，并有部分学生创作出具有创意的作品。此外，对于部分学生而言，在看到任务后，往往粗略一想便开始动手，相对较简单的问题却使用了一大堆Scratch指令，更无法讲清楚解决问题的方法和过程。小学生活泼好动，敢于尝试新的事物，但自制力较弱，个别学生在制作主题作品过程中容易出现偏离主题的情况，需要教师给予更多的引导和关注。

（2）学生访谈：在课后的访谈中，学生普遍反映喜欢"Scratch项目学习"，并非常愿意通过"项目学习"的方式继续学习。

4. 反思

（1）项目学习应用于Scratch教学，能有效提高学生的学习兴趣，活跃课堂气氛，教学效果明显。

（2）Scratch教学过程中，教师要注重让学生体验和经历"发现问题——分析问题——解决问题"的全过程。尤其是在学生面对一个范例、任务或项目的时候，首先要学会从问题的分析和分解开始，再对症下药，最后找出具体的解决路径。这就是思维的培养过程。

（3）教师要把握好"方法的多样性"与"最优路径的选择"之间度的问题，既要尊重学生的个性，让学生体会方法的多样性，又要让学生体验效率的重要性，要学会在多种方法中，选择最直观、简便的编程组合。

例如，学生在进行"人龙配龙珠"的游戏练习时，教师在巡视辅导的过程中，发现有三种不同的编程方法。教师可通过对比这三种"效果相同的不同程序脚本"，让学生体会解决问题方法的多样性，然后，再让学生分析三种方法的编程思想和路径，并提出哪种方法是最简便、最容易被理解的（见图8–11）。

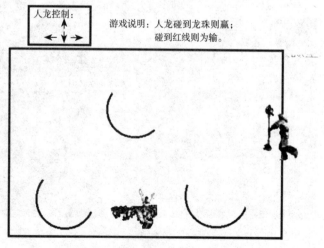

图8–11　"人龙配龙珠"游戏效果图

从以下三种方法的程序脚本和流程图看，对刚结束Scratch编程的学生而言，方法一（见图8-12）是最直观、最容易理解的，但编程的效率是最低的，因为需要使用较多的指令才能实现最终的效果。而对于有一定编程基础的学生而言，则可以考虑指导学生使用效率较高的方法二（见图8-13）或者方法三（见图8-14）。

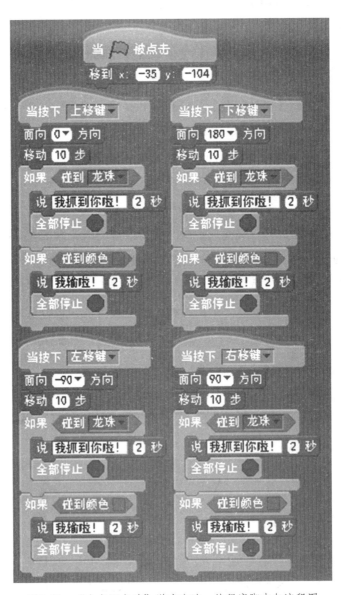

图8-12 "人龙配龙珠"游戏方法一的程序脚本与流程图

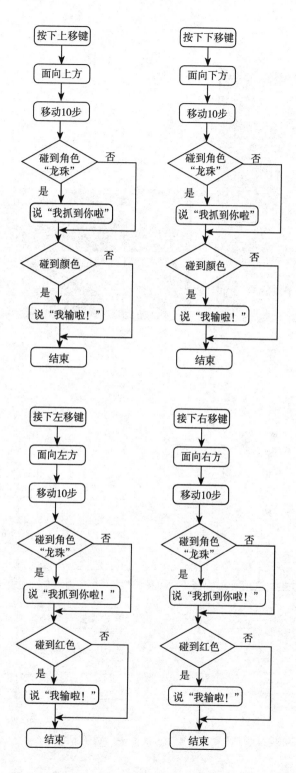

图8-12续

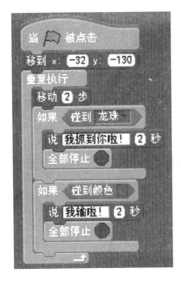

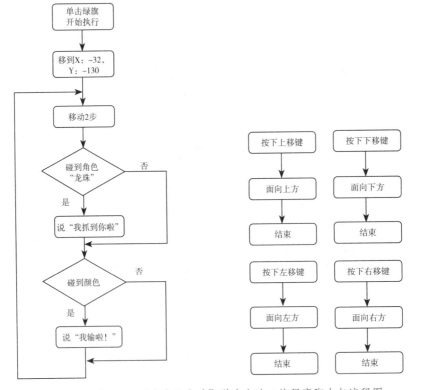

图8-13 "人龙配龙珠"游戏方法二的程序脚本与流程图

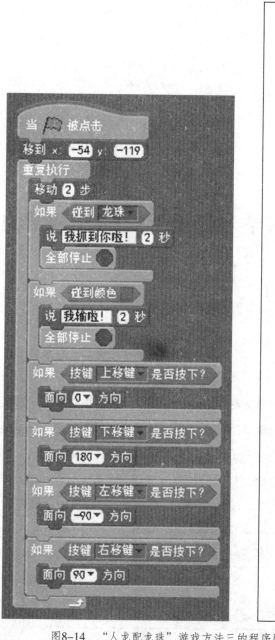

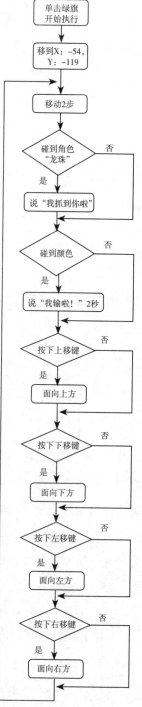

图8-14 "人龙配龙珠"游戏方法三的程序脚本与流程图

第四节　项目学习应用于Scratch教学的设计与实施

在三轮行动研究的过程中，根据需要和条件，采用了文献法、调查法、个案研究法、经验总结法等研究方法。在上课、听课、评课的过程中，做好教学研究课的课堂录像记录、听课教师课堂评语、任课教师教学小结等观察材料的收集，同时，做好课后分析与评价，形成教师反思总结，进而，对下一课例设计进行调整。研究经过"计划→行动→观察→反思→调整"五个环节三轮循环（见图8-15），最后，形成相对成熟的教学策略、教学流程、教学模式。

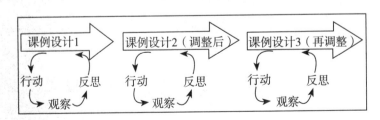

图8-15　Scratch课堂教学行动研究阶段流程图

一、富有岭南特色的小学信息技术Scratch教学课堂活动项目设计

Scratch作为小学生学习编程的入门，以活动项目的形式来组织Scratch教学是有效途径之一。通过一系列的活动项目，使学生在不断尝试、实践与体验中，知识、技能和能力呈螺旋式提高。同时，针对小学生的年龄特征，学习Scratch要以一定的情境为背景，在有主题的活动项目下开展学习活动，有助于提高学生的学习兴趣。因此，Scratch程序语言教学活动项目设计的研究显得非常重要。在Scratch教学中，应合理地设计活动项目的主题，使教学活动服务于教学内容，做到突出重点，突破难点，提升教学质效。

1. 小学信息技术Scratch教学项目设计的思考

项目学习应用于信息技术学科教学，如何选择恰当的项目供学生开展学习活动是非常重要的关键点。项目既要符合学生的认知结构，又要激发学生的学习热情，也要接近学生的生活实际，我们认为Scratch课堂活动项目的设计，可以从以下几个方面思考：

（1）项目回归生活实际。杜威倡导的"教育即生活"，以及陶行知先生提出的"生活即教育"，都强调教育要来源于生活，服务于生活。信息技术教学也不例外，项目学习应用于信息技术学科Scratch教学，要避免程序设计中枯燥、乏味、脱离生活的情况，应以学生兴趣为起点，以活动为主线，设计与学生生活密切相关、喜闻乐见的活动项目，要注重把项目整合到Scratch教学中，并进行生活化设计。

（2）项目注重学以致用。信息技术实践性的学科特点，决定了学科教学的主要任务之一是培养学生运用信息技术知识和方法去解决生活实际问题。项目学习在信息技术学科的开展，有利于学生把所学新知与技能应用于解决真实的问题之中。尤其是项目设计与信息技术知识有机融合，强调应用于生活，能有效实现知识的学以致用，促使学生把技术与技能应用于生活实践。

（3）项目立足学科本位。中小学信息技术学科虽然带着浓厚的经验选择和工具取向的特点，但其真正的价值在于其对学生思维方式的影响。就像语文、数学等学科一样，不仅仅是教给学生多少个生字、如何进行计算，而是要教给学生学科思想方法。同样，项目学习的信息技术课堂，Scratch课堂活

动项目设计要重视思想方法的渗透，也要教给学生信息技术科学中蕴含的思想方法，让学生在学习知识、习得技能的过程中，改变行为方式，改变学习方式，进而改变思维方式。

（4）项目体现学科融合。课程融合是未来学科发展的趋势。与其他学科比较，信息技术具有较强的综合性，涉及众多的边缘和基础学科。小学信息技术Scratch教学，应从学生的兴趣入手，采用贴近学生生活实际的素材设计学习内容和资源，要注重艺术、历史、人文等学科之间的融合，要把不同学科的知识与技能、过程与方法、情感态度与价值观相互渗透，让学科融合理念贯穿于课程，这样信息技术学科才具有更强的生命力。

（5）项目引发学生探究。Scratch教学既要避免一味地讲解代码，又要跳出以往技能教学单纯传授知识和技能的做法；既要重视知识和技能的掌握，更要注重学习方法的引导。要启发学生通过自身的探讨、同伴合作，强调体验，创造性地获取和掌握知识。因此，探究学习是Scratch学习最有效的学习方法之一。设计Scratch课堂活动项目，内容更要符合学生的年龄层次和心理特征，在激发学生学习兴趣的同时，更需要引发学生自主开展探究，在做中学，在做中悟，并引发学生深层次的思考。

2. 以"岭南民俗体育"为例的小学信息技术Scratch课堂项目设计

我把项目学习应用于小学信息技术Scratch教学，在设计和实施项目过程中，把项目学习过程分为六个环节：选定项目→制订计划→活动探究→作品制作→成果交流→活动评价（见图8-16）。

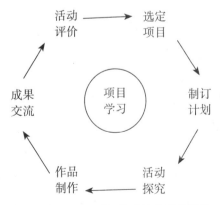

图8-16　Scratch项目学习过程课堂模型

156

在项目学习中，项目主题的选定至关重要。Scratch"可视化"的程序语言，所见即所得，可以轻松创作包括舞蹈、音乐、故事、游戏等多媒体作品。因此，项目设计可以针对Scratch的特点，对已有教材进行二次开发，立足地域文化，设计以学生动手操作、亲历情境、亲身体验的学习主题。

十五位课题组成员所在的学校均位于广东省广州市，地处岭南地区，其中，又有多所学校是以体育为传统项目的特色学校，师生对"岭南民俗体育"有一定的认识。基于地域文化、校情、学情等因素，我们把"岭南民俗体育"设计为Scratch课堂活动项目。

在Scratch模块教学中，以"岭南民俗体育"为大背景，按课时设计一系列前后关联的主题活动项目（见表8-1）。学生每学习一课时或完成相应的学习任务后，还能深入了解相应的岭南地区民间风俗、民间生活方式所流传的体育形式。学生在项目学习的各个环节中，始终保持着积极旺盛的学习兴趣。在学习过程中，不仅让学生掌握知识，熟练操作技能，还能渗透编程思想方法，拓宽学生的跨学科视野。

表8-1 广州市版Scratch模块分课时课堂项目设计

课时	教材内容	岭南民俗体育运动项目	对应文化地域
1	Scratch简介	广东醒狮	广州
2	角色及外观指令	蔡李佛	江门
3	背景的添加及角色的旋转和移步	人龙舞	湛江
4	角色的定位和平滑移动	舞狮	佛山
5	重复执行控制指令	沙头角鱼灯舞	深圳
6	声音和舞台特效	甲子英歌	陆丰
7	键盘控制及条件侦测	赛龙舟	东莞
8	键盘信息的获取及侦测	三灶鹤舞	珠海
9	角色的控制及变量的使用	六坊云龙舞	中山
10	角色的面向与停止执行指令	瑶族长鼓舞 （广东唯一少数民族）	连南
11	画笔指令	乔林烟花火龙	陆丰、揭阳
12	广播与接收广播	香火龙（客家文化）	南雄
13	简单的游戏	接福袋	广东

项目学习应用于小学信息技术Scratch学习，课堂活动项目的设计不能随意选择，天马行空，必须根据学科特点，立足实际情况，针对学习内容，尊重学习规律，科学设计，合理编排，服务并服从于教学目标，以提高课堂学习效果和品质。

二、小学信息技术Scratch项目学习的教学流程的构建

课题组在经历"计划→行动→观察→反思→调整"的三轮行动研究过程中，完善和构建小学信息技术课堂Scratch项目学习的课堂教学流程（见图8-17），并为进一步梳理教学策略提供参考。

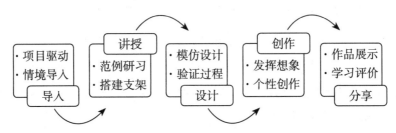

图8-17 小学信息技术Scratch项目学习的教学流程

三、一系列Scratch项目学习的教学策略的梳理

在三轮行动研究的实践过程中，通过对众多课题研究课的观摩，课题组梳理、归纳、总结了一系列Scratch项目学习的课堂教学策略，有效提高Scratch课堂教学的质效。

1. 项目驱动，情境导入

根据项目学习的特点，学习的情境应该是真实而具体的，学习的内容应该是综合而开放的。Scratch项目学习应该为学生提供真实的问题情境，让学生学习和探索，在Scratch单元模块的教学要设计贴近学生生活的活动项目。因此，课题组设计的项目主题是"岭南民俗体育运动"，在此大背景、大主题下，每一课时把广东一个地域的民俗运动情境与知识点深入融合，情境的创设贯穿于整节课的每一个教学环节，大主题则贯穿于整个模块教学的始终，这样不仅能让学生自始至终在轻松、愉快的环境和气氛中学习，寓教于乐，有效激发学生的学习热情，而且情境的纵贯有利于课堂教学的层层深入，环环相扣，不断迁移和转移，使学生产生强烈的"我要学"的信念，并让学生始终觉得

"有事"要做，保持积极旺盛的求知情绪。同时，还可以为教师下一课时的教学埋下伏笔，使整个Scratch单元模块教学内容前后连贯、流畅。

2. 范例研习，搭建支架

通过情境导入，教师需要让学生明确本课的Scratch创作主题，展示范例，分析范例，帮助学生搭建学习Scratch的支架。首先，利用范例生动、直观、形象地激发学生联想，唤起学生记忆中的知识、经验或表象，促使学生根据自己的已有知识去构建新的知识。其次，从信息技术学科视角引导学生分析问题，包括分析所提供的Scratch范例会涉及哪些最基本的知识和技能，引导学生获取其中的指令并得到"指令集"，再把"指令集"应用于类似项目或问题的解决。最后，通过范例帮助学生建构概念框架，学生通过理解范例来解释归纳总结本课的新知。实践证明，"范例研习，搭建支架"的教学策略，非常适合用于信息技术程序教学，当学生进入具体的真实的教学情境，在教师的引导下搭建学习支架，更有利于推动学生进一步开展学习探究，更有利于促进学生认知能力和解决问题能力的提升。

3. 模仿设计，验证过程

对于可视化的Scratch编程环境，学生只需拖动图形（指令），便能轻松地开展创作。因此，教师可以根据活动项目主题，引导学生结合"范例"进行模仿设计。首先，让学生自己尝试运用代码设计作品，巩固本课新知的学习。其次，模仿设计环节也是学生开展探究的学习过程，学生需要根据教师提出的问题和任务，开展小组合作学习，同伴互助，共享想法，并探究代码编写。最后，学生在尝试的过程中，通过设计代码、运行代码、调试代码，经历程序的"猜测→设计→运行→调试→修改→再调试→验证"，体会程序设计的验证过程和思路。学生在模仿和验证中，将获取初步的成功感，为后续的自由创作和综合创作建立信心，奠定基础。

4. 发挥想象，个性创作

"编程"不应该仅仅是程序设计，它更应该是一个问题求解的过程。在"模仿设计和验证过程"环节，学生已经建立起对新知的感性认识和代码编写的初步经验，并具备进一步挑战具有更高难度的开放性任务的信心和需求。当学生为数字作品设计脚本时，教师应该鼓励学生思考如何进行设计，如何将一个小的想法，变成一个完整的能够运行的作品，引导学生综合应用各种程序模块并尝试新的想法。学生的自由创作阶段，同样需要经历"猜测——设计——运行——调试——修改——再调试——验证"的循环过程。在开放性主题项目的完成过程中，学生合作学习，发挥各自的认知特点，相互交流、相互帮助、相互提示，进行分工合作。学生可根据自己的个性，充分发挥想象空间，发掘潜力，去创作作品。在此基础之上，学生可根据自己头脑中已有的思维，结合活动内容，发挥想象，用代码去表达自己内心的想法，用Scratch完成属于自己的故事、动画、游戏，在模仿中实现创作，在创作中实现知识与技能的灵活应用，从而提高学生的审美水平和程序设计水平，激发创意思维。

5. 作品展示，学习评价

项目学习的评价是项目学习的重要环节，它能够对其他各个环节起到诊断、激励和促进的作用。在学生完成项目作品制作后，鼓励学生把自己的作品展示出来，交流分享，教师和学生分别对学生的作品开展教师点评、学生自评、组内互评，让学生在获得成功体验的同时，取长补短，共同提高，总结收获，提出有待解决的问题，为下一轮项目学习做准备。

四、Scratch项目学习的学生学习评价量规的完善

学习评价是课程结构的重要组成部分。"基于项目的学习"是以学习学科的内容为中心，以制作电脑作品并将作品展示给他人为目的，在研究的每一个阶段，注重过程性的评价，建立学习的评价体系，不仅是给学生学习效果和劳动的鼓励和帮助，更是充分调动学生的创作激情，促进学生信息素养的提高。在Scratch课堂教学评价中，要注重评价主体的多元化，把教师点评、学生自评、组内互评三者有机结合，以实现以评促学。

1. 教师点评

教师点评具有重要的导向激励作用。因此，Scratch课堂教学评价，教师点评要安排在学生自评和小组互评之前。教师要有目的、有针对性地选取学生作品进行点评，尤其需要对学生在技术运用、代码脚本编写、方法运用、作品创意等方面进行点评。教师点评目的不是给学生的作品进行分级和甄别，而是通过点评，帮助学生发现问题，寻找解决问题的方法，并在学生自评和组内互评环节起导向性的作用。

2. 学生自评

在Scratch项目学习的过程中，当每段学习结束时，每个小组的成员都需要从学习态度、信息收集、交流能力、合作能力、学习能力五个维度，开展自我评价（见表8-2）。

表8-2　Scratch项目学习课堂学生自评表

项目名称：_____		姓名：_____		时间：___
评价指标	评价内容	优秀	良好	需努力
学习态度	对本课学习项目（任务）充满兴趣，积极性高			
信息收集	善于利用多种工具收集、整理所需素材			
交流能力	及时与同伴交流，敢于向老师请教，关注同伴			
合作能力	分工明确，善于与他人合作，积极帮助他人，成果是小组集体劳动成果			
学习能力	善于反思，能合理安排时间，发现问题努力改进			
通过本课学习，我想对自己说：				

3. 组内互评

除了教师点评和学生自评以外，还可以开展小组内成员的互评。小组成员需要根据互评量表对计算实践能力、团队协作能力、解决问题能力、自我管理能力、创新实践能力五个方面的10项指标，对小组成员之间在活动中的表现进行互评（见表8-3）。

表8-3　Scratch项目学习课堂小组成员互评表

项目名称：_____		小组：_____		时间：___
评价指标	评价内容	优秀	良好	需努力
计算实践能力	1.能运用Scratch完成课堂项目（任务）			
	2.制作Scratch作品符合要求			
团队协作能力	1.能倾听伙伴意见，并与伙伴分享自己的看法			
	2.能主动帮助其他伙伴			

项目名称：_____		小组：_____	时间：____	
评价指标	评价内容	优秀	良好	需努力
解决问题能力	1. 对完成项目和解决问题充满兴趣和热情			
	2. 敢于尝试，针对项目（任务）积极寻求有效的解决方法			
自我管理能力	1. 在完成任务上，能合理分配时间			
	2. 在课堂上能认真听讲，积极完成任务，自我约束力强			
创新实践能力	1. 制作的作品具有新意			
	2. 能思考和尝试多种方法解决问题			

五、Scratch项目学习的教师教学评价指标的制定

在探索Scratch项目学习的课堂教学评价中，课题组从信息技术学科教学实际入手，结合项目学习的特点和要求，遵循明确、独立、可测量、可接受、可控制的原则和坚持"回归信息技术学科本源"的方向，兼顾了对教师和学生的发展性评价。经过不断的研讨和实践，课题组制定了Scratch项目学习课堂教学评价量规，量规中包括教学目标、教学内容、项目的设计及资源的应用、教学方法和教学策略、教学对象（学生）、教学效果六个维度23项指标（见表8-4）。

表8-4 Scratch项目学习课堂教学评价量规

执教老师：_____		课题：_____	时间：_____	
评价内容			权重	得分
教学目标	1. 符合项目学习的特点及教学要求； 2. 体现信息技术学科三维目标，即知识与技能、过程与方法、情感态度与价值观的整体融合； 3. 项目的设计切合学生实际，体现发展性目标		15分	
教学内容	1. 结构合理，重难点突出，能合理设计项目，贴近学生生活实际； 2. 面向全体学生，照顾差异		20分	

执教老师：_____	课题：_____		时间：_____	
评价内容			权重	得分
项目的设计及资源的应用	1. 课堂活动项目的设计留有空间，能让学生有效地自主探究、合作、交互； 2. 教学资源利用适度，并留有学生自主网上收集及筛选余地； 3. 网络教学和学习平台导航明确、合理、具体、可操作性强； 4. 网络学习有一定的学法指导； 5. 多媒体表达规范，引用数据、范例合理		10分	
教学方法和教学策略	1. 运用多种教学组织形式创设民主和谐、宽松的教学氛围； 2. 采用多种教学方法，有创新意识，充分调动学生自主学习的积极性； 3. 创设平等的机会让学生参与项目活动，能进行有针对性的项目指导； 4. 尊重学生人格，根据教学情境，善于采用恰当的评价； 5. 信息技术应用适时适度、准确熟练		25分	
教学对象（学生）	1. 认真观察，认真倾听； 2. 敢于质疑，善于探究，大胆动脑动手实践； 3. 主动积极参与项目学习，能独立开展问题求解的过程； 4. 善于与同学合作、交流、分享学习		20分	
教学效果	1. 学生获得扎实的基础知识、能力，掌握一定基本技能与学习方法，不同层次的学生得到不同程度的发展； 2. 学生能体验到学习的乐趣和成功的愉悦，有进一步学习的愿望； 3. 学生能通过网上质疑、讨论、交流，掌握科学的学习方法； 4. 师生、生生互动和交流融洽，营造宽松、民主、和谐的氛围		10分	
教学建议				

08

第八章 启迪思维：项目学习与程序教学深度融合

六、项目学习应用于Scratch教学的效果反思

将项目学习应用于小学信息技术Scratch教学，我们收到了一定的成效。经过三年的实验与研究，尤其给传统信息技术程序设计课堂带来明显的变化，给学生的成长和教师的发展带来显著的效果。

1. Scratch项目学习能有效提高程序设计课堂的品质

根据课题组对课堂的观察，以及对学生的问卷调查和访谈，我们发现学生非常喜欢这种基于项目的学习方式。在基于项目的学习活动中，学生要通过对项目分析和理解，并经历"发现问题—分析问题—解决问题"的全过程。课堂上没有了教师的一味讲解，没有了学生的被动接受，更多的是课堂上的互动与生成。课堂不再单纯是为了掌握知识、熟练技能，更重要的是把信息技术学科赋予了文化的内涵，把学科思想中的技术思想、技术方法、技术价值做系统的投射，使学生通过训练更好地理解技术的实质，体会课程精髓与灵魂，培养学科思想方法和思维品质，这样的课堂才更具有实效，更有品质，更有生命力。根据教学后的问卷调查统计，"对Scratch程序设计课程感兴趣"的学生占91.22%，"参与Scratch程序设计学习，让我感到快乐"的学生占85.67%，"喜欢老师在Scratch课堂上采用的教学方式"的学生占84.11%，均体现Scratch项目学习的信息技术课堂深受学生的欢迎和喜爱。

2. Scratch项目学习能有效促进学生计算思维的培养

计算思维并非今时今日才出现，只是在计算机技术高速发展的时代，计算思维才逐渐进入我们的视野，被大家所认识、理解和强化。当前，计算思维已经超越了传统的计算机应用环境，适用于信息技术渗透的每一个领域。项目学习应用于Scratch课堂教学，是帮助学生理解计算思维、培养计算思维、发展计算思维的有效途径。当学生在设计问题的求解方法时，需要运用递推法、迭代法、递归法等；当学生用计算机语言描述求解时，需要理解顺序、循环、选择三种程序结构；在验证和调试程序的过程中，需要使用测试和调试等技术。我们认为以上这些都是计算思维的核心概念，它们都指向计算思维的本质——抽象与自动化。根据教学后的问卷调查统计，"能够很好地理解Scratch的编程概念和逻辑"的学生占86.12%，"参与Scratch课程学习，我的解决问题能力有提高"的学生占91.34%。

3. Scratch项目学习能有效提升教师的课程领导力

教师课程领导力是教师通过实施课程所表现出来的对学生的学习过程施加影响的最基本的能力。"为学生的发展设计和实施课程",这就是教师课程领导力的体现。在Scratch课程实施过程中,课题组不依据既定课程的学习目标按部就班地开展教学,而是需立足学科特点,植根地域文化,针对学习内容,尊重学习规律,合理设计课堂活动项目,并让整个Scratch教学模块的活动项目系列化,需要课题组对教材Scratch模块进行二次开发——设计活动项目,需要对Scratch课堂教学进行创造性实施——改变教学策略,需要对Scratch项目学习的课程评价进行重新设计——改革课堂评价。在整个过程中,我们充分体会到课题组教师的课程领导力在真实地发挥着作用并不断在提升,用大课程观统领教学的课程意识,正改变着课题组教师的课程管理理念、教学行为方式和思维方式。

七、项目学习应用于Scratch教学的创新点

1. 有岭南特色的Scratch教学课堂活动项目的设计

Scratch作为小学生学习编程的入门,以活动项目的形式来组织Scratch教学是有效途径之一。通过一系列的活动项目,使学生在不断尝试、实践与体验中,知识、技能和能力呈螺旋式提高。同时,针对小学生的年龄特征,学习Scratch要以情境为背景,在有主题的活动项目下开展学习活动。把项目学习与Scratch相融合,力求让项目回归生活实际,注重学以致用,立足学科本位,体现学科融合,引发学生探究。

2. Scratch项目学习教学策略的梳理和总结

在三轮行动研究的实践过程中,通过对众多课题研究课的观摩,课题组梳理、归纳、总结了一系列Scratch项目学习的课堂教学策略,通过项目驱动,情境导入;范例研习,搭建支架;模仿设计,验证过程;发挥想象,个性创作;作品展示,学习评价等一系列教学策略,有效提高Scratch课堂教学的质效。

八、项目学习应用于Scratch教学局限性

作为一线教师的我们,能力和水平有限,研究经验不足,以及开展研究

的时间、精力有限，致使本研究还存在许多不足和不尽如人意之处，我们深知还有许多地方需要进一步研究和探索，因此，课题组希望在下一阶段的研究中能对本课题逐步完善、解决、深化。

1. 从研究方法上看，本研究过程中的科学性与规范性有待改进

本研究在个案研究、叙事研究等方面有所欠缺。同时，在后续研究中，行动研究要克服"去理论化"的倾向，要避免把"行动研究"等价为"行动"，要用科学的数据，尤其是能否考虑通过SPSS对数据进行分析和处理，以提高"计划—行动—观察—反思—调整"循环行动研究过程的科学性和规范性。此外，在后续的行动研究过程中，需更注重反思和改进，继续完善Scratch项目学习的教学流程，总结教学模式，进一步提高本课题研究成果的推广和应用价值。

2. 从研究方向上看，项目学习与Scratch课程融合的纵深研究有待推进

基于项目的学习作为西方教学模式，在我国特定历史文化背景和民族性格下应用还需要不断地研究。例如，项目设计应达到什么样的标准；在小组合作时应怎样来规范小组的行为；如何在项目学习的相关环节设置有助于学生学习的活动和策略，并对这些活动和策略做出整体的协调，才能尽可能充分发挥项目学习的优势；把项目学习与Scratch相结合，如何既要保证"双基"的落实，又要有效实现思维的培养……这些问题还需要深入研究。此外，本课题虽已搭建面向教师的资源平台，但面向学生的资源共享平台仍未建立，课题组拟在下一阶段搭建网络环境下的Scratch教与学的资源共享平台，为学生提供一个进行程序学习和成果展示的交流分享环境。

3. 从成果凝练上看，本研究在成果的梳理和总结上有待加强

本课题经历了2013年申报，2014年立项与开题，2016年中期总结，到现在的结题，前后历时整整五年。课题组力求在课题研究过程中，走好走稳每一步，并把课题做实、做深、做精。的确，从研究时间上我们的进度是偏慢的，但课题组在过程中一步一个脚印，每一轮的行动研究都是从研讨课的行动中来，从行动中去反思总结，每一位课题组成员都必须承担研究课，每一次研究课都经历着"备课—磨课—观课—评课"，在研讨课的实践中总结、提炼成果。到目前为止，已有3篇文章公开发表，虽然已达到结题的要求，但课题组成员的许多研究成果还没有完全梳理和总结。有关论文已被杂志录稿待发表，科研成果专著《小学信息技术课程项目学习的设计与实践》正在集结与整理过程中。希望在总结与梳理成果的基础上，继续申报更高级别的科研课题，推动小学Scratch教育与项目学习的深度融合。

附1

Scratch学前情况调查

亲爱的同学：

你好！这份调查问卷是为了了解你在日常学习和生活中的喜好。你的回答将为老师的教学研究提供宝贵的依据。请同学们仔细阅读题目后，按照你的实际情况作答。感谢你的支持与配合！

1. 你喜欢观看动画片吗？（　　　）

A. 非常喜欢　　　　　　　　　　B. 喜欢

C. 一般　　　　　　　　　　　　D. 不喜欢

2. 你喜欢玩电脑游戏或手机游戏吗？（　　）

A. 非常喜欢　　　　　　　　　　B. 喜欢

C. 一般　　　　　　　　　　　　D. 不喜欢

3. 当你接触到新软件或新游戏时，你会怎么做？（　　　）

A. 查看帮助　　　　　　　　　　B. 请教他人

C. 网上学习　　　　　　　　　　D. 直接尝试使用

4. 如果让你制作一部动画作品，你会选择什么软件制作？（　　　）

A. PPT　　　　　　　　　　　　B. 金山画王

C. 画图　　　　　　　　　　　　D. 其他软件，请列举＿＿＿

5. 你制作一部电子主题作品，你希望的学习方式是（　　　）。

A. 独立完成　　　　　　　　　　B. 与他人合作

C. 与父母合作　　　　　　　　　D. 不想参与制作

6. 你了解计算机编程吗？（　　　）

A. 非常了解　　　　　　　　　　B. 有一定了解

C. 听说过，但不了解　　　　　　D. 从未听说过

7. Scratch是一款程序设计软件，能制作数字故事、小游戏，甚至可以控制机器人，但该程序软件的学习具有一定难度，你有兴趣学习吗？（　　　）

第八章　启迪思维：项目学习与程序教学深度融合

A. 很有兴趣 　　　　　　　　　B. 可以考虑

C. 无所谓 　　　　　　　　　　D. 没有兴趣

8. 如果你学习了Scratch，你希望用它设计和制作出什么类型的作品？（　　）

A. 图画 　　　　　　　　　　　B. 故事

C. 动画 　　　　　　　　　　　D. 游戏

9. 如果你参与Scratch程序设计课，你希望的学习方式是（　　）。

A. 教师讲授 　　　　　　　　　B. 自主探究

C. 小组合作 　　　　　　　　　D. 以上兼有

10. 当你完成一部电子主题作品时，你愿意跟老师、同学分享你的创意和想法吗？（　　）

A. 非常愿意 　　　　　　　　　B. 愿意

C. 无所谓 　　　　　　　　　　D. 不愿意

附2

Scratch项目学习学后情况调查

亲爱的同学：

你好！经过一段时间的Scratch学习后，老师需要了解同学们的学习情况以及对课程的看法，作为今后设计Scratch教学课程的参照。请同学们仔细阅读题目后，按照你的实际情况作答。感谢你的支持与配合！

1. 我对Scratch程序设计课程感兴趣。（　　）

A. 同意　　　　B. 一般　　　　C. 不同意

2. 参与Scratch程序设计学习，让我感到快乐。（　　）

A. 同意　　　　B. 一般　　　　C. 不同意

3. 我能够很好地理解Scratch的编程概念和逻辑。（　　）

A. 同意　　　　B. 一般　　　　C. 不同意

4. Scratch课堂融入了"岭南民俗体育项目"内容，我觉得对学习程序设计有帮助。（　　）

A. 同意　　　　B. 一般　　　　C. 不同意

5. 我喜欢老师在Scratch课堂上采用的教学方式。（　　）

A. 同意　　　　　　B. 一般　　　　　　C. 不同意

6. 我能够按照老师的要求完成Scratch主题作品的制作。（　　）

A. 同意　　　　　　B. 一般　　　　　　C. 不同意

7. 我对自己制作的Scratch主题作品感到满意。（　　）

A. 同意　　　　　　B. 一般　　　　　　C. 不同意

8. 在完成Scratch主题作品后，我愿意跟老师、同学分享我的创意和想法。（　　）

A. 同意　　　　　　B. 一般　　　　　　C. 不同意

9. 参与Scratch课程学习，我解决问题的能力有提高。（　　）

A. 同意　　　　　　B. 一般　　　　　　C. 不同意

10. 我愿意继续学习Scratch程序设计。（　　）

A. 同意　　　　　　B. 一般　　　　　　C. 不同意

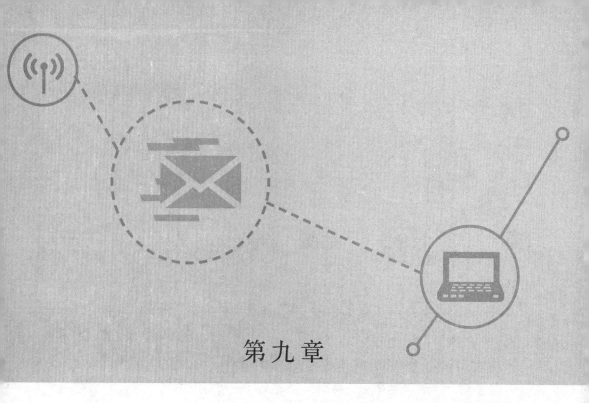

第九章

生命课程：
文化融入的小学信息技术课程

十八大以来，习近平总书记多次论述中华文化的内涵、精髓、价值和传承，强调：要坚持古为今用、以古鉴今，坚持有鉴别的对待、有扬弃的继承。信息技术课程定位偏重于技术体验和应用，忽视文化融入和育人功能。笔者提出"中华文化全方位融入"理念，把项目学习与信息技术课程相结合，将传统节日、民族体育、中华美德等融入信息技术课，形成全新课程，并构建新的教学模式，建立相应的评价方案，既培养学生信息技术应用能力，又提升对中华文化的理解、认同和自信，培养有中国心、将来有研发"中国芯"志向和能力的人才，解决信息技术课程重技术、轻人文，教师对文化资源开发利用意识模糊，学生重技能训练、轻精神内涵理解的问题，使信息技术课程焕发新的生命力。

第一节　忽视育人功能的信息技术课程

传统文化是国家课程的重要补充资源。将传统文化融入小学信息技术课程，能丰富课程资源，活化学科课堂，增强儿童的民族文化自信和价值观自信，落实立德树人根本任务。2014年3月教育部在《完善中华优秀传统文化教育指导纲要》（教社科〔2014〕3号）中指出，要把中华优秀传统文化教育系统融入课程和教材体系，在课程建设和课程标准修订中强化中华优秀传统文化内容，在中小学德育、语文、历史、艺术、体育等课程标准修订中，增加中华优秀传统文化内容比重。

一、反思忽视育人功能的信息技术课程

近年来，传统文化融入信息技术课程正逐渐引起一线教师和部分学者的关注。然而，小学信息技术课偏重于技术体验和应用的定位，忽视课程的文化融入和育人功能，在具体落地和实施的过程中存在一些问题。

1. 课程重技术轻人文

信息技术课程明显的工具性特征，往往导致大家对课程性质认识的偏差，重技术、轻人文的现象普遍存在，课程实施过程中往往仅关注技术运用、作品制作、软件应用等，忽视"文化传承"与"文化融合"。根据国家课程校本化理念，有必要把文化主题融入信息技术课程，重构课程体系，重组课程内容，整体规划，有机衔接，系统推进。

2. 教师对课程文化资源的开发与利用意识模糊

由于一线教师受传统教学的禁锢，课程领导力不足，受"经验式"思维的束缚，对文化资源的开发利用意识模糊，不注重利用文化资源，或者在融入过程中存在生搬硬套的"拉郎配"现象。因此，需要对文化融入信息技术课程的内容体系、路径方法、策略模式等进行梳理和总结。

3. 学生学习重技能训练、轻精神内涵理解

青少年对中华优秀传统文化教育的重要性认识不足，缺乏对中华优秀传统文化的亲切感，难以静下心学习优秀传统文化，更难深入体会传统文化的精髓。学生重技能训练、轻精神内涵阐释的现象仍旧普遍。培养学生的信息技术应用能力，提升学生对中华文化的理解和认同，建立对中华文化的自信显得极其重要。

二、建立文化融入信息技术课程的目标

文化融入信息技术课程，拟对国家课程与传统文化融合、传承中华优秀传统文化等方面提出新的理念和视觉，并以此提出新的具体的思路、方法和策略。

1. 活化信息技术课程，提升课程的教学品质

以中华文化为主题的项目学习，体现国家、地方课程校本化，赋予信息技术课程更丰富的文化内涵，课堂上让学生在真实文化情境中，经历和体验信息技术应用的全过程，与学科知识技能建立有意义的联结，更好地理解技术的实质，体会学科课程的精髓与灵魂，培养学生对中华文化的理解和认同，使课堂更有生命力。

2. 推动信息技术课程的创生，促进学生的文化认同

把传统文化深度融入信息技术课堂，在确立教学目标、设计教学内容、

组织课程实施、开展课堂评价等方面推动课程创生，体现对传统文化的传承与发展，使学科知识与生活紧密结合，增强学生对传统文化的自豪感、认同感、责任感，丰富学生的精神世界。

3. 催生文化融入课程的新路径，提升教师的课程领导力

在中华文化融入信息技术课程的新视觉和新模式下，立足地域文化和学校实际，挖掘传统文化与学科课程的契合点，对课程进行创意转化和创新性实施，把文化融入课程实施全过程。

第二节 文化融入小学信息技术课程的设计与实施

　　在小学信息技术课中可融入哪些中华文化主题？如何将中华文化与原有信息技术课教学内容融为一体，形成新的课程？如何实施教学，让学生在学习信息技术知识技能的同时，形成对中华文化的理解和认同？如何建立评价体系，促使学生从重技能训练向领悟技术和文化内涵转变？以上这些问题都值得我们每一位信息技术教师深入思考。

一、文化融入小学信息技术课程的构思

　　"中华文化全方位融入"理念，将传统节日、民族体育、中华美德等融入信息技术课形成全新课程，既培养学生信息技术的应用能力，又提升对中华文化的理解、认同和自信，培养有中国心、将来有研发"中国芯"志向和能力的人才，构建学科完善的研究和实践思路（见图9-1）。

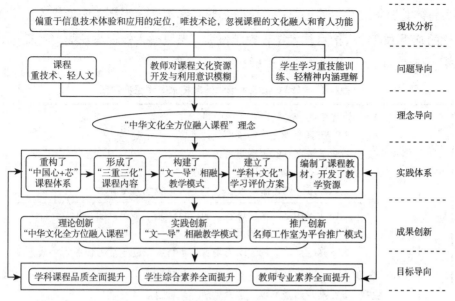

偏重于信息技术体验和应用的定位, 唯技术论, 忽视课程的文化融入和育人功能 ┄┄┄┄┄ 现状分析

课程重技术、轻人文 | 教师对课程文化资源开发与利用意识模糊 | 学生学习重技能训练、轻精神内涵理解 ┄┄┄┄┄ 问题导向

"中华文化全方位融入课程"理念 ┄┄┄┄┄ 理念导向

重构了"中国心+芯"课程体系 | 形成了"三重三化"课程内容 | 构建了"文—导"相融教学模式 | 建立了"学科+文化"学习评价方案 | 编制了课程教材, 开发了教学资源 ┄┄┄┄┄ 实践体系

理论创新"中华文化全方位融入课程" | 实践创新"文—导"相融教学模式 | 推广创新名师工作室为平台推广模式 ┄┄┄┄┄ 成果创新

学科课程品质全面提升 | 学生综合素养全面提升 | 教师专业素养全面提升 ┄┄┄┄┄ 目标导向

图9-1 研究与实践思路图

（1）文化融入课程的架构和设计：将培养对中华文化的热爱、认同和自信纳入信息技术课教学目标。结合学科特点，根据各模块的技术特点和应用方式，以及小学生的其他学科学习情况和认知水平，确定融入的中华文化主题。

（2）重构课程内容：对应小学信息技术课程6个模块结合7大文化主题，重组课程内容。6个模块下每个课时对应各文化主题下的91个具体情境，重构了新的课程内容体系。

（3）文化融入课程的实施：课程教学实施初步形成教学模式。

（4）文化融入课程的学习评价：建立了"学科+文化"学习评价方案，实施师评、自评、互评相结合，知识技能与文化精神领悟相结合，过程性与诊断性评价相结合的评价。

二、文化融入小学信息技术课程的实施

1. 重构"中国心+芯"文化融入的信息技术课程体系

实现文化与信息技术学科的深度融合，课题组对现有教材进行调适和二次开发，复构和设计了中华文化融入的信息技术课程体系。

（1）重构三维目标体系

梳理和确定了中华文化融入小学信息技术课程目标体系（见表9-1），然

后将体验中华文化、培养对中华文化的热爱和情感、提高对中华优秀传统文化的感受力等纳入信息技术课程教学目标，有机融入知识与技能、过程与方法、情感态度与价值观三维目标体系等。

表9-1　中华文化融入小学信息技术课程目标体系

三至四年级	知识与技能	1. 了解一些爱国志士的故事； 2. 知道中华民族传统节日； 3. 了解家乡的生活习俗； 4. 了解家乡和周边城市的概况； 5. 初步了解传统礼仪，学会待人接物的基本礼节
	过程与方法	1. 获得初步的情感体验，明白自己是中华民族的一员； 2. 初步感受经典的民间艺术； 3. 养成勤俭节约、吃苦耐劳、言行一致的生活习惯和行为规范
	情感、态度与价值观	1. 增强热爱中华优秀传统文化的感情； 2. 提升热爱家乡、热爱生活、亲近自然的情感
五至六年级	知识与技能	1. 了解中华优秀传统文化的丰富多彩； 2. 了解地方传统文化的特点； 3. 了解中华民族历代仁人志士为国家富强、民族团结做出的牺牲和贡献； 4. 了解传统音乐、戏剧、美术等艺术作品
	过程与方法	1. 感受传统节日的文化内涵和家乡生活习俗变迁； 2. 感受各民族艺术的丰富表现形式和特点，尝试运用喜爱的艺术形式表达情感
	情感、态度与价值观	1. 形成对传统体育活动的兴趣爱好； 2. 理解他人，懂得感恩，逐步提高辨别是非、善恶、美丑的能力； 3. 树立人生理想和远大志向，热爱祖国河山、悠久历史和宝贵文化

（2）选择文化融入的主题

主题的选择是否恰当，将直接影响课堂活动能否顺利开展，并影响课程的实施效果。因此，如何选择恰当的主题开展教学活动显得尤为重要。课题组立足学科特点，针对不同的模块和教学内容，把历史、人文、旅游、乡土、饮食、名人、国学等文化资源与课程内容有机结合。

本成果梳理学生了解和熟悉的中华文化主题，并对应小学信息技术课程6大模块，设计人文地理、传统节日、民俗风情、乡土文化、民族体育、中华美德和传统建筑7大文化主题（见图9-2）。

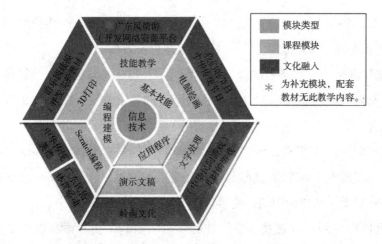

图9-2 "中国心+芯"课程体系图（6大模块7大主题）

2. 设计"三重三化"的课程内容

基于中华文化91个情境重组课程内容，做到"三重"：重学科本位、重学科融合、重创新应用；"三化"：生活化、人文化、系列化，形成系列教材和资源网站（见图9-3）。

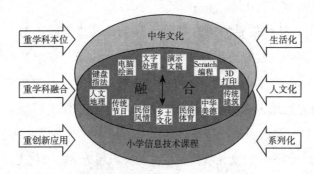

图9-3 文化融入信息技术课程内容与情境"三重三化"结构图

（1）课程内容"三重"

① 重学科本位。信息技术学科带有浓厚的经验选择和工具取向特点，其真正价值在于对学生思维方式的影响。像语文、数学等学科，不仅仅是教给学生多少个生字、如何进行计算，而是要教给学生学科思想方法。中华文化融入信息技术课程，文化主题贯穿全课堂，既要体现文化情境和文化元素，又不能使主题情境喧宾夺主，否则容易出现"种了人家的田，荒了自己的地"。因此，课题组在主题设计时，尤其重视思想方法的渗透，重在教给

学生信息技术科学中蕴含的思想方法，让学生在学习知识、习得技能的过程中，改变行为方式，改变学习方式，进而改变思维方式。

② 重学科融合。"课程融合""跨界学习"是未来学科发展的趋势。信息技术具有较强的综合性，涉及众多边缘学科和基础学科。中华文化融入信息技术课程实践是从学生兴趣入手，采用贴近学生生活实际的素材，设计学习内容和资源，注重艺术、历史、人文等学科之间的融合，把不同学科的知识与技能、过程与方法、情感态度与价值观相互渗透，让学科融合理念贯穿于课程，并赋予了文化的内涵，使信息技术学科更具强大的生命力。

③ 重创新应用。信息技术实践性的学科特点，决定了学科教学主要任务之一是培养学生运用信息技术的知识和方法解决生活实际问题。中华文化融入信息技术课程实践，挖掘中华优秀传统文化资源，有利于学生把所学新知应用于解决真实的问题之中。尤其是特定文化情境与信息技术知识有机融合，强调应用于生活，能促进学生把知识技能与生活体验建立有意义的联结，有效实现知识的创新应用，促使学生把技术与技能应用于生活实践。

（2）课程情境"三化"

① 生活化。杜威倡导的"教育即生活"，以及陶行知先生提出的"生活即教育"，都强调教育要来源于生活，服务于生活。信息技术教学也不例外，文化融入信息技术课程要避免程序设计枯燥、乏味、脱离生活的情况，应以学生兴趣为起点，以活动为主线，设计与学生生活密切相关、喜闻乐见的主题活动项目，要注重把文化整合到课堂活动中，并进行生活化设计。

② 人文化。课题组以文化视角，挖掘人文思想成分的文化主题，对学生进行人文教育，让信息技术课实现质的升华。情境创设兼顾操作技能和人文素养培养并重，让学生接触中华文化，体验另一个世界里的人文景观。

③ 系列化。情境主题设计需要前后衔接，整体推进，使文化融入信息技术课程，形成科学的内容体系，避免文化主题和文化情境孤立地融入某一个课时、某一个教学环节、某一教学活动片段、某一学习任务。

除此之外，文化的融入不能脱离学生的认知水平，还要使课堂主题活动或学习情境符合学生的年龄特征和身心发展。

根据以上原则，课题组围绕针对6个模块，7大主题，设计了中华文化91个情境重组课程内容，形成体系（见表9-2）。

表9-2 中华文化融入小学信息技术课程内容体系

（6大模块，7大文化主题，91个主题情境）

模块一 键盘指法：广东风情游		模块二 电脑绘画：我们的节日		模块三 文字处理：儿时的游戏		模块四 演示文稿：岭南文化		模块五 Scratch编程：广东民俗体育运动、中华传统美德			模块六 3D打印：游乐园建模	
课时与学习内容	主题情境	课时学习内容	主题情境	课时与学习内容	主题情境	课时与学习内容	主题情境	课时与学习内容	主题情境	主题情境	课时与学习内容	主题情境
（1）学习键"ASL；"符号键与击键方法	游历广州	（1）认识"画图"软件	元宵节	（1）认识Word软件	翻花绳	（1）初识PowerPoint	岭南名人	（1）Scratch简介	广东醒狮	立德树人	（1）认识"3D One"软件	木作工具
（2）学习字母键"DFJK"击键方法	游历中山	（2）学习"橡皮擦"与"用颜色填充"工具	龙抬头	（2）智能ABC输入法	猜字谜	（2）图片的处理	饮早茶	（2）角色及外观指令	江门蔡李佛	以礼待人	（2）基本实体着色	毛笔
（3）学习字母键"GHTY"击键方法	游历珠海	（3）"刷子"工具	寒食节	（3）文字的修改	摆手影	（3）文本框和艺术字的使用	对对联	（3）背景的添加及角色的旋转和移步	湛江人龙舞	谦让之美	（3）自动吸附与DE偏移	华表
（4）学习字母键"ERUI"击键方法	游历东莞	（4）"直线"工具	清明节	（4）字块的编辑	老鹰抓小鸡	（4）形状工具和SmartArt图形的使用	剪纸	（4）角色的定位和平滑移动	佛山舞狮	诚信传美德	（4）阵列与组合编辑	长城
（5）学习字母键"QWOP"击键方法	游历惠州	（5）"曲线"工具	端午节	（5）文字的修饰	挑棍子	（5）声音和影片的插入	粤曲	（5）重复执行控制指令	深圳沙头角鱼灯舞	俭以养德	（5）对齐移动与预制文字	烽燧
（6）学习字母键"VBNM"击键方法	游历揭阳	（6）"椭圆"工具	七夕节	（6）页面的设置	掰手腕	（6）自定义动画的使用	围屋	（6）声音和舞台特效	陆丰甲子英歌	百善孝为先	（6）移动、复制与镜像	卯榫

第九章 生命课程……文化融入的小学信息技术课程

09

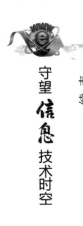

模块一 键盘指法：广东风情游游		模块二 电脑绘画：我们的节日		模块三 文字处理：儿时的游戏		模块四 演示文稿：岭南文化		模块五 Scratch编程：广东民俗体育运动，中华传统美德			模块六 3D打印：游乐园建模	
课时与学习内容	主题情境	课时与学习内容	主题情境	课时与学习内容	主题情境	课时与学习内容	主题情境	课时与学习内容	主题情境	主题情境	课时与学习内容	主题情境
（7）学习字母键和符号键"XC."击键方法	游历梅州	（7）"矩形"与"圆角矩形"工具	中元节	（7）图片的插入	抛石子	（7）动作路径的使用	龙舟	（7）键盘控制及条件侦测	东莞赛龙舟	入孝出悌	（7）正多边形与偏移曲线	摇钤
（8）学习字母键和符号键"Z',"击键方法	游历河源	（8）"多边形"与"文字"工具	中秋节	（8）艺术字的应用	猜灯谜	（8）自定义动画的批量设置	醒狮	（8）键盘信息的获取及侦测	珠海三灶鹤舞	赤胆忠心	（8）显示/隐藏多段线	艨艟
（9）学习上档键"Shift"击键方法	游历韶关	（9）图像的移动	重阳节	（9）文本框的应用	放风筝	（9）幻灯片的编辑	皮影	（9）角色的控制及变量的使用	中山六坊云龙舞	见义勇为	（9）参考几何体与单击修剪	编钟
（10）学习符号键".''?"击键方法	游历肇庆	（10）图形的复制	下元节	（10）表格的插入	五子棋	（10）超链接的使用	飘色	（10）角色的面向与停止执行指令	连南瑶族长鼓舞	以和为贵	（10）圆形与直线	台基
（11）学习数字键"3478"击键方法	游历阳江	（11）图像的旋转与翻转	冬至	（11）表格的编辑	跳房子	（11）触发器的使用	踩高跷	（11）画笔指令	陆丰揭阳乔林烟花火龙	情恕理遣	（11）披模与抽壳	斗拱
（12）学习数字键"1290"击键方法	游历湛江	（12）图像的拉伸与扭曲	腊八节	（12）电子小报的规划	纸飞机	（12）排序计时与自定义幻灯片放映	粤绣	（12）广播与接收广播	南雄香火龙（客家）文化	大爱至美	（12）阵列与对齐移动	扇车
（13）学习数字键"5 6"击键方法及综合练习	游历广州	（13）绘画作品的创作	春节	（13）电子小报的评价	跳皮筋	（13）多媒体作品制作	广彩	（13）简单的游戏	广东接福袋	仁厚慈爱	（13）综合创作	陈家祠

3. 构建"文—导"相融的教学模式

文化融入小学信息技术课程教学模式，在三轮行动研究的基础上，通过对项目学习模式的改进，经过"三年课题研究——两年的小范围实践检验——五年的研究深化创新与省内大面积推广应用"等阶段，构建了"文融于境，微课导入；文融于学，支架导学；文融于创，协作互导；文融于评，启导总结"的以学为中心、相对完善和成熟的"文—导"相融教学模式（见图9-4）。

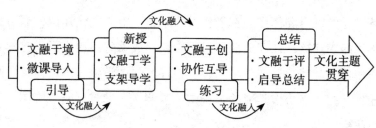

图9-4 "文—导"相融教学模式图

（1）文融于境，微课导入。情境的创设能使文化有效融入信息技术课程之中。因此，在学习情境中构建特定的文化意境，运用现代化的教学手段，让学生走进与教学内容相适应的教学情境，从学生的生活情境中挖掘传统文化，在学生的生活中学习传统文化，能帮助学生理解教学内容，引起学生对新知的兴趣和关注，提高课堂教学效率。模式中情境创设强调文化主题情境贯穿课程实施全过程，深度融入课堂。

微课导入是文化融入课程中课堂教学主体的先导、引子和铺垫，是教学中情境创设的重要组成部分。它具有知识承前启后、激发学习动机、调动学习情感、调整学生情绪等作用。因此，微课导入是创设文化情境中课堂导入环节的有效方式和途径。因此，在课堂导入环节，通过微课创设情境，投入小，成效好。

（2）文融于学，支架导学。实现文化融入信息技术学科课程，既要保证达成知识与技能的目标，又要让文化与课程深度融合，更要培养学生解决问题和自主学习的能力，教师要向学生提供适当的、小步子的线索、提示和引导（支架），让学生在文化情境中一步一步地攀登，逐渐发现和解决学习中的问题，掌握知识和技能，提升解决问题的能力。为学生搭建支架，科学分解知识点，小步子走，及时强化，化解难点。

文化融入信息技术课程，既要避免一味地讲解知识，又要跳出单纯的技能训练。要注重学习方法的引导，启发学生通过自身的探讨、同伴合作，强调体验，创造性地学习、获取和掌握知识。因此，探究学习是有效的学习方式。在主题文化贯穿课堂活动的过程中，需要引发学生自主开展探究，并引发学生深层次的思考。

（3）文融于创，协作互导。针对文化融入课堂的主题活动，学习活动需要与学习任务相结合，尤其需要引导学生在真实的文化情境中，带着真实的学习任务，开展练习和创作。在创作过程中学习中华文化知识，能更大程度地激发学生的求知欲，在完成任务过程中获得成就感，逐步形成感知心智活动的良性循环，并持续保持学习兴趣。该环节强调学生以小组为单位共同完成课堂任务，在小组协作学习的过程中，强调人人参与，分工协作，互相学习，优势互补。

（4）文融于评，启导总结。课堂中无论是评价内容、评价方式、评价主体、评价维度的多元化，还是师评—自评—互评相结合、过程性与诊断性评价相结合、知识技能与文化精神领悟相结合，其目的都是把文化纳入评价体系。

课堂最后的总结分享，既要求学生分享本课在学习知识与技能上的收获，也要启发和引导学生分享中华文化的情感体验，实现课程的进一步升华。

"文—导"相融教学模式，并非传统课堂上简单的引导、学习、练习、评价，其关键在于课堂上每一个环节的创新和优化组合。同时，该模式也并非纯粹的预设，而是在实践过程中总结提炼。此外，模式也并非对教学的束缚，模式可以根据内容、教学对象、教学环境的不同，进行调整修改、优化和组合。

4. 建立了"学科+文化"多维度学习评价方案

课题组针对中华文化融入小学信息技术课堂建立了相对完善的多维度学习评价方案。

（1）注重评价的多元化。需注重评价内容、评价方式、评价主体、评价维度的多元化。尤其在信息技术知识技能评价维度上，增加文化理解、文化体验、文化责任三个评价维度（见表9-3）。

表9-3 文化融入小学信息技术课程学生自评表

项目名称：_____		姓名：_____	时间：_____	
评价指标	评价内容	优秀	良好	需努力
学习态度	对本课学习项目（任务）充满兴趣，积极性高			
信息处理	善于利用多种工具收集、整理所需素材			
交流能力	善于跟同伴交流，敢于向老师提问，关注同伴			
合作能力	分工明确，善于与他人合作，积极帮助他人，成果是小组集体劳动的体现			
学习能力	善于反思，能合理安排时间，发现问题努力改进			
文化理解	能掌握和理解项目主题蕴含的人文知识、文化背景			
文化体验	对本课的中华文化主题、内容、元素充满兴趣			
文化责任	课程中文化主题和背景蕴含的人文知识对我很有帮助，我会自觉进行学习			
通过本课学习，我想对自己说：				

（2）注重评价的"三结合"。实现师评、自评（见表9-3）、互评（见表9-4）相结合，过程性与诊断性评价相结合，知识技能与文化精神领悟相结合。

表9-4 文化融入小学信息技术课程小组成员互评表

项目名称：_____		小组：_____	时间：_____	
评价指标	评价内容	优秀	良好	需努力
计算实践能力	1. 能运用所学知识技能完成课堂项目（任务）			
	2. 能按要求完成任务（作品）			
团队协作能力	1. 能倾听伙伴意见，并与伙伴分享自己的看法			
	2. 能主动帮助其他伙伴			

守望 信息 技术时空

项目名称：_____		小组：_____	时间：_____	
评价指标	评价内容	优秀	良好	需努力
解决问题能力	1. 对完成项目和解决问题充满兴趣和热情			
	2. 敢于尝试，针对项目（任务）积极寻求有效的解决方法			
自我管理能力	1.在完成任务上，能合理分配时间			
	2. 在课堂上能认真听讲，积极完成任务，自我约束力强			
创新实践能力	1.制作的作品具有新意			
	2.能思考和尝试多种方法解决问题			
文化素养	1.能够以中华文化为主题制作主题作品			
	2.能主动与同伴分享自己在课程学习过程中对中华优秀传统文化的体验和心得			

注：本表适用于电脑绘画、文字处理、演示文稿、Scratch编程、3D打印模块。

第三节 文化融入小学信息技术课程的
成效与展望

中华优秀传统文化教育是当前我国一大教育热点。中华文化的传承需要发挥学校教育的主渠道作用，需要与国家课程、校本课程相融合。因此，中华优秀文化融入学科课程，是传承和发扬传统文化的时代诉求，是活化中小学课程内容的应然视点，是课程文化培育的有效途径。我在"文化融入小学信息技术课程"研究中，采用项目学习的教学模式，收到良好的教学效果。经过十年的实践与探索，我承担或参与了多个与此密切相关的省、市、区级行政类课题，并在此过程中收获了丰硕的成果。

一、文化融入小学信息技术课程的创新点

1. 理论创新：首先提出信息技术课中"中华文化全方位融入课程"的理念和路径

所谓"全方位融入"，并非简单的拼凑、嵌入、杂糅，而是系统、浸

润、创生。

（1）课程实施的宏观层面：中华文化融入课程实施全过程，即融入目标制定、内容体系设计、教材二次开发、教学方案制定，做到整体规划、有机衔接、系统推进，突出对中华文化认同和自信"中国心"的培养，引领从家国层面理解技术的作用和价值。

（2）课程实施的微观层面：中华文化融入课堂教学全过程，即融入课堂导入、新知教学、练习创作、评价总结。通过创意设计和创新实施，文化的融入贯穿信息技术体验和应用全过程，并与学习建立有意义的联结，技术应用变得鲜活具体。

2. 实践创新：首创"文—导"相融的教学模式

"文—导"相融的教学模式体现了中华文化与课程全方位、深度融合的教学实施特色。

3. 推广创新：形成以名师工作室为平台的推广模式

成果依托省名师工作室每年接待各地教师跟岗学习而展开推广。跟岗中"培训先行—课例示范—学员试课—磨课反思"，让跟岗教师准确把握理念、策略、方法。回到原校后"原校实践—当地推广—反馈评估"，使成果推广更好落地。成果经验深耕广州，立足全省，面向全国，辐射粤港澳大湾区，在不同地域、跨学科中推广和应用，具有较强的可操作性和普适性。

二、文化融入小学信息技术课程的应用效果

成果在研究和检验中，复构和设计了中华文化融入信息技术学科的课程体系，重构了课程内容，建立了评价体系，构架了教学模式，效果明显。

1. 解决了课程重技术、轻人文的问题，学科课程品质得到全面提升

中华文化融入信息技术课程，体现国家、地方课程校本化，体现落实立德树人的根本任务。以文化为主题的项目学习，赋予信息技术课程更丰富的文化内涵，课堂上学生在真实的文化情境中经历和体验信息技术应用的全过程，与学科知识技能建立有意义的联结，更好地理解技术的实质，体会学科课程的精髓与灵魂，培养学科思想方法，使课堂更有品质，更具生命力。

2. 解决了教师对文化资源开发利用意识模糊的问题，教师专业素养得到全面提升

在文化融入课程的新视觉、新策略、新模式下，实验教师立足地域文化和学校实际，挖掘传统文化与学科课程的契合点，对课程进行创意转化和创新性实施，把文化融入课程实施全过程。在此过程中，有效提高了实验教师的专业素养和水平，提升了教师的课程领导力、课程研制能力、研究反思能力。

3. 解决了学生重技能训练、轻精神内涵理解的问题，学生综合素质得到全面提升

中华文化融入信息技术课程的实践中，学生在文化主题情境下开展学习，有利于学生把所学新知应用于解决真实的问题之中，能促进学生把知识技能与生活体验建立有意义的联结，有效实现知识的创新应用。同时，能引领学生从家国层面理解信息技术的作用和价值，促进了学生主动学习信息技术的知识和技能，不仅在信息技术的知识和技能方面得到全面的提升，也准确认识中华民族的历史传承、文化积淀、基本国情，增强民族文化自信和价值观自信，增强学生对传统文化的自豪感、认同感、责任感，丰富学生的精神世界。

实践证明，文化融入课程以项目学习的形式开展课堂教学，能让信息技术学科教学更贴近学生的生活和经验，能有效提升学生学习兴趣，促使学生综合运用各学科知识，做到彼此渗透，融会贯通，有利于提升学生的综合素质，有利于发展其核心素养；学生普遍反映，学习内容更生动有趣，学习方法更灵活，视野更开阔，课堂更具吸引力；实验学校反馈，文化融入信息技术课程能充分发挥优秀传统文化的育人价值，丰富课程资源，活化学科教学，提高教学效率，提升课堂品质，使信息技术课程真正成为承载知识与技能，承载思维和情感，承载文化和思想，鲜活的、生动的、具体的、富有生命力的课程。

三、展望

文化具有课程人文价值和课程工具价值，教育具有传承和更新文化的功能，文化也正是通过教育得以保存和发展，课程是实现教育目的的主要途径。中华文化有效地融入小学信息技术课程，需要在确立课程的目标、选择课程的内容、组织课程的实施及课程的评价过程等方面深入思考并科学构建。在今后的研究与实践中，中华文化融入小学信息技术课程还要继续处理好四方面的统一性：从目标取向看，要关注文化传承和儿童文化自觉养成的统一；从内容选择看，要把握儿童文化和儿童生活的统一；从组织实施看，要实现情境性和活动性的统一；从评价体系看，要协调多元和发展的统一。

参 考 文 献

［1］凌秋虹.聪明的想法+简单的操作——谈Scratch在小学信息技术教学中的意义［J］.中国信息技术教育，2012（7）：19-21.

［2］李艺.寻找信息技术课程可持续发展的源泉［J］.中小学信息技术教育，2013（1）：14-15.

［3］许剑平.协作分享、不断创新、共同进步——记香港LEAD团队推进香港地区Scratch教学的经验［J］.中国信息技术教育，2012（10）：17-19.

［4］毛爱萍.谈儿童数字文化创作课堂Scratch程序设计的教学内容与模式［J］.中国信息技术教育，2013（1）：89-91.

［5］王晓霞.网络环境下Scratch在中学程序设计教学中的应用研究［D］.重庆：西南大学，2012.

［6］王继华，等.Scratch创意动画设计［M］.广州：华南理工大学出版社，2012.

［7］王继华，吴向东.儿童数字文化创作课程的背景、观念、设计和案例［J］.中小学信息技术教育，2010（1）：21-23.

［8］吴向东，王继华.儿童数字文化创作课程的目标体系［J］.中小学信息技术教育，2010（9）：26-27.

［9］王继华，吴向东.儿童数字文化创作课程的内容结构［J］.中小学信息技术教育，2010（10）：26-28.

［10］王继华，吴向东.计算思维在儿童数字文化创作课程中的地位和培养［J］.中小学信息技术教育，2012（1）：18-20.

［11］王继华，吴向东.关于Scratch教学的定位问题［J］.中小学信息技术教育，2012（9）：95-97.

［12］吴向东，王继华.为创作而教：儿童数字文化创作课程的教学方法［J］.中小学信息技术教育，2010（11）：23-24.

［13］朱莉，程育艳.基于中文环境的中小学程序设计思想培养探究［J］.教育仪器与实验，2011（2）：56-58.

［14］吴俊杰，何静.如何在小学开设Scratch语言研究课［J］.中小学信息技术教育，2012（9）：54-57.

［15］管雪沨.Scratch让信息技术更有趣［J］.中小学信息技术教育，2012（10）：21-22.

［16］谢作如.Scratch开启互动媒体新世界［J］.中小学信息技术教育，2012（10）：9-10.

［17］许惠美.从台湾推广经验省思Scratch的教育性［J］.中国信息技术教育，2012（10）：24-27.

［18］陈凯兵.情境教学法在小学程序设计教学中的应用初探［J］.信息教研周刊，2011（7）：6-7.

［19］董陈琦岚.基于STEM项目学习的学生能力评价研究［D］.天津：天津师范大学，2017.

［20］黄剑锋.项目学习在小学信息技术课程中的应用研究：以scratch教学为例［J］.发明与创新（教育信息化），2017（2）：53-56.

［21］赵玲.基于项目的教学模式在信息技术教学中的实践与案例［J］.信息与电脑（理论版），2016（17）：247-249.

［22］王爱胜.基于项目学习的信息技术教材设计［J］.中国信息技术教育，2015（19）：35-37.

［23］徐峥臻.以学生兴趣为导向的项目学习设计［J］.现代教学，2013（11）：61.

［24］中国教育技术协会信息技术教育专业委员会.基础教育信息技术课程标准（2012版）［EB/OL］.［2012-05-04］.http://www.iccedu.cn/upload/2012_05/12050408248528.pdf.

［25］吴扬鹏.基于Scratch平台的小学信息技术课堂教学模式探究［J］.电脑知识与技术，2017，13（23）：104-105.

［26］杨丽莎.小学Scratch项目活动教学与评价［D］.上海：上海师范大学，2017.

［27］张博.Scratch编程让小学信息技术教学成为创作之旅［J］.中国高新

区，2017（22）：204.

［28］葛伟亮.Scratch在小学信息技术课堂中的应用与实践［J］.信息与电脑（理论版），2017（22）：76-77，81.

［29］马倩，李建英.Scratch简易编程在信息技术课程教学中的应用［J］.办公自动化，2018，23（21）：23，34-35.

［30］郭伟，李媛.Scratch程序设计在小学信息技术课堂教学模式实践研究［J］.软件导刊（教育技术），2018，17（1）：89-91.

［31］郭伟，周鹏.培养小学生信息技术学科核心素养探究：以Scratch程序设计教学为例［J］.黄冈师范学院学报，2018，38（3）：90-93.

［32］刘海武.小学信息技术课的Scratch创客教学设计［J］.中国现代教育装备，2018（12）：27-28，30.

［33］戴奕雯.基于网络的城乡信息技术Scratch互动学习：以《Scratch广播命令》为例［J］.中国信息技术教育，2017（Z2）：53-55.

［34］刘欢欢.基于"创客教育"的小学信息技术课程教学实践：以"Scratch创作"为例［J］.教育信息技术，2017（Z2）：134-136.

［35］杨云，翟建越，程美.Scratch在STEAM教育中的跨学科应用研究：Scratch在信息技术课堂中的教学案例探析［J］.中小学电教，2017（9）：49-52.

［36］曾召文.STEM教育视野下信息技术学科项目化活动设计与思考：用Scratch设计和开发小学数学计算题闯关游戏［J］.中小学信息技术教育，2017（10）：68-71.

［37］蒋鹏英.基于微课的小学信息技术Scratch教学的探究［J］.教育信息技术，2018（Z1）：67-70.

［38］李昌科，薛莲.信息技术与学科教学融合的实践与探索：以Scratch使用为例［J］.小学教学研究，2018（5）：13-15.

［39］刘伟广.泛在化环境下小学信息技术课程学习模型的实验研究：以广州市小学信息技术教材Scratch课程为例［J］.教育信息技术，2018（4）：77-80.

［40］张驰.初中信息技术课程中实施同伴互评的应用研究［D］.武汉：华中师范大学，2018.

［41］黄雅玉.面向学生创新实践能力培养的初中信息技术课教学模式应用研究［D］.锦州：渤海大学，2018.

［42］Osman Erol, Adile Aşkım Kurt. *The effects of teaching programming with scratch on pre-service information technology teachers› motivation and achievement*［J］. Computers in Human Behavior，2017, 77.

［43］杨海.微课在小学信息技术Scratch教学中的应用：以《制作购物软件——角色的控制及变量的使用》一课为例［J］.中小学电教，2017（6）：49–52.

［44］徐海峰.小学信息技术教学与学生思维能力培养：以Scratch教学为例［J］.名师在线，2017（4）：4–85.

［45］凌秋虹.聪明的想法+简单的操作：谈Scratch在小学信息技术教学中的意义［J］.中国信息技术教育，2012（Z1）：19–21.

［46］于宝东.基于创客教育的小学信息技术教学模式构建研究［D］.锦州：渤海大学，2017.

［47］崔勇."做中学"在小学信息技术课堂的实践探析：以Scratch软件教学为例［J］.软件导刊（教育技术），2016，15（3）：16–18.

［48］凌秋虹.Scratch在小学信息技术课堂中的应用与实践［J］.中国电化教育，2012（11）：113–116，129.

［49］谭金玲.小游戏蕴涵大智慧：scratch在信息技术教学中的应用［A］.吉林市东方智慧教育咨询服务有限公司.全国智慧型教师培养体系建构模式学术会议一等奖论文集［C］.吉林：吉林市东方智慧教育咨询服务有限公司，2016：11.

［50］吴珈琦，阮铭健.现代信息技术环境下发展性学生评价的研究及实践［J］.教育信息技术，2004（1）：25–27.

后 记

从教二十年，回顾自己走过的路，从初出茅庐的稚嫩与青涩，到现在教学上的平和、趋于稳定。沉下心来思考——美的课堂、理想的课堂、有生命力的课堂应该是怎样的？我想，它应该是催人向善的，是向往美好的，有泥土的厚重，有田野的芳香；它应该是欲求美好，吐露芬芳。那么它或许就是我一直在追求的"灵动、简约、开放"的信息技术课堂。

一、灵动

叶澜教授曾精辟地论述："课堂应是向未知方向挺进的旅程，随时都有可能发现意外的通道和美丽的图景，而不是一切都必须遵循固定线路，而没有激情的行程。"因此，我认为教师在完成课堂任务和教学目标的同时，应注重课堂生成。首先，在信息技术教学中，我注重设置弹性化的教学设计，针对不同的教学环境和不同的教学对象，基于"教学目标多元化"的理念，设定多元的教学目标，为教学内容的生成和重组、教学方法的选择和创新、教学思路的调整和改换等留有余地。同时，在弹性设计的基础上灵动地开展教学。在课堂上，一方面，我会依据预设的教学设计开展教学；另一方面，我又会根据学生的实际情况，及时捕捉和利用课堂生成性的资源，甚至会根据当时的情况放弃原有的教学设计而采用一种新的，更符合实际的教学方案，灵动地开展教学，力求把"原汁原味"的教学风景展现给学生，让信息技术教学真正走进学生的内心，回归学生的生活。同时，我十分注重课堂的互动，创设积极的课堂师生互动的心理环境，建立合理的课堂互动机制，促进课堂上师生、生生、生机、生本等互动。

二、简约

莎士比亚说："简洁是智慧的灵魂。"达·芬奇也曾说过说："简约是最终的成熟。"随着课程改革的不断推进，我不断地反思、感悟。我非常喜欢追索事物的核心本质，因为很多复杂的行为背后都有极其简单的原因。因此，我追求简约的课堂教学。我并不刻意营造热闹喧哗的课堂，我认为课堂教学就要化繁为简，凸显朴实的风格，彰显简约之美，促进学生和谐发展。

在教学活动的设计中，我回归信息技术学科教学的本然——技术核心，引导学生在做中学，设计短小精悍的随堂练习，用最简明、浓缩的素材发散出本课所含的知识与技能，有效地为达成教学目标服务，达到练习与素材的深度融合。学生在边学边练的过程中，轻松掌握信息技术与技能，没有过多的任务痕迹。

我期待我的课堂：几幅散乱的图片，一句润物无声的导语，一个及时到位的点拨，几次有针对性的演示……都能在质朴的风骨中彰显课堂教学本色的魅力！

三、开放

在信息技术课堂教学中，我努力为学生提供一个自由的空间，创设一个让学生能积极主动参与的教学过程，并营造乐于表现、敢于表现自己的民主氛围，使学生在积极主动的探索过程中提升自己的能力。在日常教学过程中，我逐渐体会到开放式的教学不仅是一种教学方法、教学模式的开放，它更是一种教学理念，它的核心是学生的可持续发展。因此，我立足自身教学实践经验，从开放教学时间、开放教学方法、开放课堂任务、开放作品点评等全方位构建开放式的信息技术课堂。

有人说，学做事情一般要经历三个阶段，好比开车。第一阶段是"车开人"，对于我这个初学者，车对于我来说是一个庞大的异在之物，是异于我生命存在的陌生之它者。所以这个时候，表面上是我在开车，实际上是车在开我，是车在控制着我的每一根神经。这是人与他物建立关系的第一阶段。第二阶段，我熟悉了对象，慢慢地融入对象之中，我具备了熟练的技术，这个时候就是我开车，我在控制着车，我有一种驾驭车的成功感，车尽管作为一个它者，但我已经成为驾驭它的主体，这就是技术熟练阶段。第三阶段是车人合一，即只要我在开车，车就成为我生命中的一部分，成了我肢体的延伸，开车的动作自然而然地成为我生命的一部分，成为我生命的自然，人与车融为一体，开车就成了生命的一种自然状态。我认为，课堂也好比开车，我所追求的课是人与他物相遇的第三个阶段——人课合一。课堂上，不需要刻意地去驾驭、去造作、去呈现，自然而然地与课堂深入融为一体。一句简单的导语，一个微妙的手势，一次到位的点评，一个有效的小结，都显得那样真实、美丽、自然、和谐，这样的课堂是焕发生命力的课堂。

成书之际，不禁有一种如释重负之感，同时也倍感充实，感慨颇多。本书是我第一部学术专著，在此过程中，有许多值得感谢、感恩的人和事。

首先，要特别感谢的是我的师父——郑贤老师。她，我职业生涯的师父，一位教育者，一位行走者，一位沉思者，一位教学实践开拓者，一位充满人间情怀的爱教育者。她，天生一张娃娃脸，目光温润而明亮。她，有诲人不倦的高尚师德，有渊博的专业知识和精湛的教学技艺，有严谨的治学态度和精益求精的工作作风，有豁达的人生态度和缜密的思维，更有对人生始终如一的坚持以及对教育心怀依恋的守望。儒家说"天地君亲师"，可见师者的地位等同父母。她，以自觉的生命教育实践，引领着生命自觉的学生和徒弟。工作二十年，拜郑贤为师也已有十六年。与师父第一次接触是在2004年一同去东莞长安参加第一届省级赛课，当时师父已是赫赫有名的特级教师。而我是头一回与师父对赛课教学内容面对面切磋，不免怀有些许的紧张和惶恐。但开始时师父却少有作声，总是安静地微笑着听我讲述，听我解释。每到动情处，师父总会突发兴致，侃侃而谈，让我茅塞顿开，醍醐灌顶。于是，她在我心中便有了那纵横捭阖、挥洒天地的形象。正是在她的指导和帮助下，我从稚嫩一步步走向成熟，开启了我信息技术教学研究的大门。十几年来，作为我专业生涯的引路人，她待人真诚，和蔼可亲，关怀备至，无私奉献，让人如沐春风。作为教育的优秀专家，她严谨治学，兢兢业业，点拨迷津，让我感念至深，我为生命中遇到师父而感恩。正如师父的座右铭：人生因追求而美丽。她从生命成长的高度，关照和深化小学信息技术课程改革，她让生命与教育事业同行。我自知学识浅陋，深感能力浅薄，无法领悟师父教育之思想，难以体味其教学之精髓，实属遗憾。感谢师父在成

后记

书过程中给予了莫大的支持与鼓励，从著作撰写开端的推动，到帮助联系出版社；从书稿框架的搭建，到结构的梳理；从内容细节的完善，到书名的反复斟酌与敲定，她都事事上心，令我无比感动。

其次，要感谢的是广州市海珠区昌岗东路小学杨青桦校长，在本著作出版过程中，杨校长给予了大力支持和帮助，并为我担负起学校的许多工作和任务，让我有更多的精力和时间投身研究、写作，不胜感激。

同时，还要感谢阮铭健名师工作室的成员和学员，伙伴们在开展教学研讨、课题研究、资料整理过程中，尽心尽力，任劳任怨，不计报酬。他们对待教学和科研一丝不苟、迎难而上、追求卓越的工作态度，常常令我感到惭愧，这也是鞭策我不断学习进取的动力。

此外，还要感谢广州市海珠区大元帅府小学杨伯爵副校长和广州市第五中学初中部美术科科长王静老师，他们为本书的撰写提出了许多宝贵意见，使书稿更趋完善。

最后，要感谢我的家人，在成书期间给予了我包容、关爱和鼓励，正因为你们的支持，我才能安心写作。

鉴于本人水平所限，书中不足与疏漏之处在所难免，恳请读者批评指正。

阮铭健

2020年1月1日于广州海珠昌岗东